新疆特殊地区公路

郑育新 ◎ 著

西南交通大学出版社
·成都·

图书在版编目（ＣＩＰ）数据

新疆特殊地区公路 / 郑育新著. —成都：西南交通大学出版社，2019.5
ISBN 978-7-5643-6858-6

Ⅰ. ①新… Ⅱ. ①郑… Ⅲ. ①道路工程 – 新疆 – 教材 Ⅳ. ①U419

中国版本图书馆 CIP 数据核字（2019）第 080411 号

新疆特殊地区公路

郑育新　著

责任编辑／姜锡伟
助理编辑／王同晓
封面设计／何东琳设计工作室

西南交通大学出版社出版发行
（四川省成都市金牛区二环路北一段 111 号
　西南交通大学创新大厦 21 楼　610031）
发行部电话：028-87600564　028-87600533
网址：http://www.xnjdcbs.com
印刷：成都勤德印务有限公司

成品尺寸　170 mm×230 mm
印张　12　字数　190 千
版次　2019 年 5 月第 1 版
印次　2019 年 5 月第 1 次

书号　ISBN 978-7-5643-6858-6
定价　39.00 元

图书如有印装质量问题　本社负责退换
版权所有　盗版必究　举报电话：028-87600562

前　言

新疆地处西北边陲，是我国面积最大，边境线最长的省级行政区，周边与八个国家接壤，承担着东联内地西出欧亚的桥头堡作用。公路交通运输是新疆经济的"动脉"，在综合运输体系中占有主导地位。新疆"三山夹两盆"地形形成的独特自然地理、地质和气候条件，使新疆成为公路病害的"博物馆"，沙害、盐渍土、雪害、水毁等工程地质病害几十年来成为新疆交通建设难以逾越的障碍，极大地制约着新疆交通建设的发展。

针对新疆典型的特殊地质，作者先后主持了新疆维吾尔自治区自然科学基金（面上项目）《盐渍土填料工程改良关键技术研究》《南疆地区路基盐渍土改性固化技术及其应用研究》，横向课题《库尔勒市政道路盐渍土病害防治技术应用研究》《煤田采空区路基注浆治理施工工艺及监理工作的研究》《潮湿环境下新疆盐渍土地区路堑和低路堤道路病害防治关键技术研究》《塔里木盆地边缘盐渍化细粒土公路病害研究——以S215线为例》等课题。并结合新疆近些年取得的相关科研成果，和最新的相关技术规范，编写的一本学术专著。本书主要内容包括：沙漠、盐渍土、煤矿采空区等新疆特殊地区，分别对其基本概况、基础理论知识、设计、施工和检测验收等内容，紧密结合作者的课题成果和最新的技术规范以及案例进行论述，突出地域特色和实践性强的特点。系统的特殊地区公路教材和专著全国很少出版，新疆特殊地区公路教材和专著国内还没有。本专著的出版可以很好地填补本专业的空白。

在本书的编写过程中得到了新疆交通科研院、新疆建筑科研院、中交一局、长安大学、新疆兵团设计院等有关单位、专家、教授的具体指导和热情帮助，特别是李世芳教授级高工对本专著提出了很多宝贵意见，李春燕参加了本书稿的绘图与校对工作，在此一并致以诚挚的谢意。

本书可作为交通工程、土木工程、铁道工程及相关专业的选修课教材，及专升本教材，也可作为土建类"八大员"、建造师继续教育教材，可作为交通系统技术人员职称评审继续教育教材，还可以供科研、设计、施工等单位的工程技术人员及大专院校相关专业师生阅读、参考。

目 录

1 绪 论 ··· 001
   1.1 新疆公路规划 ·· 001
   1.2 新疆自然条件基本特征 ·· 004
   1.3 新疆特殊地质 ·· 005

2 新疆盐渍土地区公路 ··· 007
   2.1 盐渍土地区公路概述 ··· 007
   2.2 盐渍土基本概念和工程性质 ·· 028
   2.3 盐渍土地区公路设计 ··· 046
   2.4 盐渍土地区公路施工 ··· 069
   2.5 盐渍土地区公路设计和施工案例 ·· 083

3 新疆沙漠地区公路 ·· 087
   3.1 沙漠地区公路概述 ·· 087
   3.2 风积沙工程特性试验研究 ··· 090
   3.3 沙漠地区公路设计 ·· 112
   3.4 防沙设计 ·· 127
   3.5 沙漠地区公路路基施工 ·· 141
   3.6 风积沙在路基中的应用案例 ·· 154

4 新疆采空区公路 ··· 164
   4.1 采空区公路概述 ··· 164
   4.2 注浆治理工程设计 ·· 165

参考文献 ··· 183

1 绪 论

1.1 新疆公路规划

新疆公路"十三·五"规划按照实现"五个支撑"战略定位、构建现代综合交通运输体系的总体要求实施。新疆综合交通运输体系应由"五大通道""三大枢纽""三个网络""三个系统"构成。其中:"五大通道",是指在新疆对内对外开放和经济社会发展全局中具有重大战略意义的五条综合运输大通道;"三大枢纽",是指新疆区域内干线通道交汇、客货流集聚,对于承载"丝绸之路经济带交通枢纽中心"定位具有突出重要作用的三大综合运输枢纽节点城市;"三个网络",是指在综合运输大通道基础上,补充连接新疆区域内重要节点的区域干线交通网络,沟通各种运输方式及不同层次线网的综合交通衔接网络,服务城乡统筹发展、提供交通运输基本公共服务的城乡基础交通网络;"三个系统",是指依托综合交通基础设施网络、适应全疆客货运输需求的客运与物流服务系统,依托既有口岸基础设施,支撑全方位对外向西开放的口岸运输便利化系统,和支撑社会稳定安全、应对灾害和突发事件、保障交通运输安全发展的交通安全与应急保障系统。

1. 五大通道

"十三五"规划中,新疆立足构筑全球视野下的全方位对外开放新格局,加快建设丝绸之路经济带核心区,按照"政策沟通、设施联通、贸易畅通、资金融通、民心相通"的目标要求,加快形成面向亚欧大陆、东西通道顺畅、周边互联互通、功能配套完善、联运安全高效的综合交通运输网络,规划构建五大综合运输通道。

综合运输大通道由两种或两种以上运输方式线路组成，是承担我区主要客货运输任务的运输走廊，构成了综合交通网的主骨架，是国家"一带一路"倡议、全面向西开放的运输大动脉。综合运输通道主要包括以高速公路、国道为主体的干线公路，含客运专线在内的干线铁路。通道内各运输方式功能互补、布局协调，充分体现大运量、高效率、多样性和集约性特征。

1）丝绸之路经济带北通道

该通道沿新亚欧大陆桥通道北线经额济纳旗至哈密铁路、京新高速至新疆后，经阿拉山口、巴克图、吉木乃等口岸出境至亚欧各国。该通道直接将阿拉山口、巴克图、吉木乃口岸与天津港、唐山港连接，是我国环渤海地区经新疆与中亚、欧洲国家之间的重要运输大通道，是新疆和京津冀城镇群、华北与东北及环渤海地区联系的捷径，也是国际航线经乌鲁木齐至欧洲、中亚等地区的国际航空运输通道。

该通道主要由铁路、公路和航空三种运输方式组成。通道内铁路主要由额济纳旗至哈密铁路、哈密至木垒至小黄山铁路、乌准铁路、奎北铁路、精河至阿拉山口铁路、克拉玛依至塔城铁路等组成；公路主要由京新高速公路、克拉玛依至塔城高速公路、精河至阿拉山口高速公路、国道335线等组成；航空主要由经乌鲁木齐至欧洲、中亚等地区的国际航线及乌鲁木齐至国内其他城市的航线网络组成。

2）丝绸之路经济带中通道

该通道主要依托新亚欧大陆桥通道中线，形成以连云港等东部港口连接国际海上运输，以阿拉山口、霍尔果斯口岸与亚欧衔接的大通道，是我国对外联系的主要运输通道之一，是我国与中亚、欧洲的陆路能源安全通道，是我国与亚欧大陆腹地，新疆与长三角城镇群、华中及华南地区最便捷、最顺畅的陆路运输通道，也是国际航线经乌鲁木齐至中亚、西亚、欧洲等地区最重要的骨干航空运输通道。

该通道主要由铁路、公路和航空三种运输方式组成。通道内铁路主要由既有的兰新铁路、兰新铁路第二双线、北疆铁路和精伊霍铁路等组成；公路主要由既有的连霍高速公路、国道312线等组成；航空主要由经乌鲁木齐至中亚、西亚、欧洲等地区的国际航线及乌鲁木齐至国内其他城市的航线网络组成。

3）丝绸之路经济带南通道

该通道以和田、喀什为主要节点，向东经且末、若羌接青海、川渝及珠三角城镇群；向西经吐尔尕特口岸、伊尔克什坦口岸出境，至中亚、西亚等地区。该通道是新疆密切联系青海、川渝及珠三角城镇群的便捷通道，通过吐尔尕特口岸、伊尔克什坦口岸对接中国—中亚—西亚，是通往中亚、西亚、地中海和印度洋地区最顺直的陆路运输通道，也是国际航线经喀什至西亚、南亚等地区的国际航空运输通道。

该通道主要由铁路、公路和航空三种运输方式组成。通道内铁路主要由库尔勒至格尔木、和田至若羌、喀什至和田、中吉乌铁路等组成；公路主要由 G0612 依吞布拉克至和田、G3012 喀什至和田、G3013 喀什至伊尔克什坦（吐尔尕特）高速公路、国道 313 线等组成；航空主要由经喀什至西亚、南亚等地区的国际航线及喀什、和田至国内其他城市的航线网络组成。

4）中巴经济走廊通道

该通道连接位于中国西部和贯穿巴基斯坦南北的公路和铁路主干道，从新疆的乌鲁木齐、喀什至巴基斯坦的西南港口城市瓜达尔港，形成中巴经济走廊。该通道将成为我国新开辟的一条经新疆直抵印度洋出海口的重要通道。中巴经济走廊通道，是"丝绸之路经济带"和"21世纪海上丝绸之路"的陆路战略连接通道（枢纽通道）。

该通道主要由铁路和公路两种运输方式组成。通道内铁路主要由南疆铁路和中巴铁路等组成；公路主要由 G3012 乌鲁木齐至喀什高速公路、国道 314 线等组成；航空主要由经乌鲁木齐、喀什至伊斯兰堡、瓜达尔港等国际航线及疆内航线网络组成，是对通道主要运输方式的有效补充。

5）沿边开发开放战略通道

该通道是丝绸之路经济带北、中、南及中巴经济走廊通道沿边南北向的连接通道，通过支线可连接新疆区域内的中俄、中哈、中吉、中塔、中巴线路上所有的国家一类陆路口岸，有助于保障国家战略安全，拓展国家战略空间，对于促进沿线国土资源的开发、全方位的向西开放和构筑新疆南北疆又一便捷通道具有重要意义和作用。该通道接远期规划建设的中俄吉克普林口岸，沿阿勒泰至吉克普林铁路和国道 219 线，经阿勒泰至克拉玛依至奎屯高速、阿勒泰至北屯至奎屯铁路，利用连霍高速、兰新线至伊宁，经规划中伊宁至阿克苏铁路、国道 219 线、575 线向南至阿克苏和喀什，接丝绸之路经济带南通道和中巴经济走廊通道。该通道也是疆内阿勒泰、伊宁、喀什等机场串飞、环飞航空运输通道。

1.2 新疆自然条件基本特征

1）地　貌

新疆地貌自北向南依次为阿尔泰山、准噶尔盆地、天山、塔里木盆地、昆仑山系，形成以山地和盆地为主的 5 大地貌单元。地貌的基本类型为山地和盆地，各大山地内部又发育着许多山间盆地，两大盆地腹部为大面积的沙漠。

2）气　候

新疆属于典型的大陆性干旱气候。其气候条件中的降水、气温、蒸发和风力具有明显的干旱气候特征。年平均降水量只有 147 mm，具有降水稀少、地域分布不均的特征。且降水具有北疆多于南疆，西部多于东部，山地多于平原，盆地边缘多于盆地中心，迎风坡多于背风坡的分布规律。年平均气温，吐鲁番盆地为 15 ℃，天山高山区为 -5.2 ℃；7 月平均最高气温，吐鲁番盆地高达 40 ℃，山区的高山及极高山地区在 20 ℃ 以下；年极端最低气温，北疆北部的可可托海低至 -51.5 ℃。表现出气温变化大、冬季寒冷、夏季炎热、季节特征显著的特征。气温具有北疆低于南疆，山区低于平原，且随海拔高度增加而递减的分布规律。年蒸发量北疆为 1 500 ~ 2 200 mm，南疆为 2 000 ~ 3 400 mm，蒸发强烈，各地蒸发与降水的分布规律相反。且新疆属多风地区，风力巨大。

3）水文、水文地质

新疆河流绝大多数为内陆河，水系均由高山向盆地汇流。由于受降水的影响，大部分河流水量小，径流不发育。且地表径流季节变化大，夏季河流水量大，冬季河流萎缩、断流甚至干涸。山区降水丰富，是地表径流的形成区，水系较发育。在两大盆地的沙漠腹部，北疆东部和东疆的戈壁、低山丘陵地带，存在大面积的无流区。地下水受大气降水、春夏季融雪水补给的影响，西北部降水多，径流丰富，地下水也丰富；

东南部降水少，径流少，地下水也贫乏。在新疆各大小盆地中，地下水埋深从盆地边缘到盆地中心由深变浅，在适宜地段出露地表形成溢出带，然后又渗入地下补给地下水，呈水平环状分布。

4）岩土类型

从高山冰雪寒漠至低山丘陵荒漠，岩石的强度呈一定的垂直地带性分布。中高山地带以硬质和软质岩石为主；低山丘陵地带则以软质和极软岩为主。两大盆地以土类为主，主要为第四系松散堆积物。从盆地边缘至盆地腹部松散堆积物的特征也有所不同，并呈明显的水平地带性。盆地边缘是以巨粒土和粗粒土为主的戈壁天然沙砾，局部为细粒土的绿洲、荒漠；盆地腹部则为大面积的风积沙。此外，新疆地区还分布有大面积的盐渍土，以及冻土、黄土、沼泽软土等特殊土。

1.3　新疆特殊地质

新疆地处西北边陲，是我国面积最大、边境线最长的省级行政区，周边与 8 个国家接壤，承担着东联内地西出欧亚的桥头堡作用。公路交通运输是新疆经济的"动脉"，在综合运输体系中占有主导地位。新疆"三山夹两盆"地形形成的独特自然地理、地质和气候条件，使新疆成为公路病害的"博物馆"，沙害、盐渍土、雪害、水毁等工程地质病害几十年来成为新疆交通建设难以逾越的障碍，极大地制约着新疆交通建设的发展。

我国是世界上沙漠面积最多的几个国家之一，新疆是我国沙漠面积最大的省级行政区，沙漠面积约 438 100 km^2，约占我国沙漠总面积的 54.15%。

新疆盐渍土面积分布广泛。盐渍土是新疆公路交通危害最大的病害之一，与沙害、雪害并列为公路"三大"病害。特殊的自然地质和气候条件，致使土壤盐渍化过程强烈，面积大，分布广。新疆国道、省道、县乡道路约有三分之一处于盐渍土地段，导致公路耐久性差、养护维修费用高，多年来没有得到有效治理。

新疆冬季漫长，气温寒冷，冰雪灾害种类多，周期长，危害大，成为新疆交通建设的"顽疾"。天山公路雪崩频繁，雪崩发生时，上万立方米甚至几十万立方米雪体呼啸而下，埋没公路，阻断交通，甚至导致车毁人亡。随着交通的快速发展，将有更多的高速公路要通过天山，穿越隧道，将会遇到高寒、高海拔、高烈度、风吹雪、雪崩、泥石流等多种灾害集成条件下的多环境、多制约因素的技术难题，面临更加复杂的情况。

新疆帕米尔高原、昆仑山、天山、阿尔泰山等高海拔地区存在大面积的多年冻土。冻土是一种对温度极为敏感的土体介质。冬季，冻土在负温状态下就像冰块，随温度的降低体积发生剧烈膨胀，顶推上层的路基、路面。而在夏季，冻土随着温度升高而融化，体积缩小后使路基发生沉降。这种周期性变化往往很容易导致路基和路面塌陷、下沉、变形、破裂，它不仅大大提高了工程造价，而且严重影响工程的使用效果与寿命。

新疆湿陷性黄土主要分布在准格尔盆地南缘与天山北麓之间的东西条带地区，这里是新疆经济最具活力的地区。另外，天山南麓地带和昆仑山北麓山前倾斜平原也局部分布有湿陷性黄土。

新疆煤炭资源丰富，由于乌鲁木齐周边煤矿的大量开采，留下的则是大面积采空区，在首府地下形成了巨大的空洞。首府地下的采空区从河滩路开始，一直向北穿过水磨河延伸到八道湾、米东区芦草沟、碱沟和铁厂沟，大面积分布在乌奎高速以西、西山南侧、骑马山南坡、八道湾、南山、达坂城及艾维尔沟等片区。六道湾煤矿采空区、苇湖梁煤矿采空区、八道湾煤矿采空区、西山煤矿采空区，都先后与河滩路、东外环路、乌奎高速公路和东绕城高速等道路"邂逅"，这些路段部分修建在采空区上。不仅如此，刚刚开工建设的地铁 1 号线与六道湾煤矿采空区也"不期而遇"。

2 新疆盐渍土地区公路

2.1 盐渍土地区公路概述

盐渍土（图 2.1）是指含盐量超过一定数量的土，土的含盐量通常是用一定土体内含盐的重量（或质量）与其干土重量（或质量）之比，以百分数来表示。国内外有关盐渍土含盐量以及含盐类别标准的规定有所不同。例如：苏联曾规定，当土中易溶盐的含量超过 0.5% 或中溶盐含量超过 5% 时，称为盐渍土；我国原铁道部则沿用易溶盐含量达 0.5% 作为盐渍土的界限标准；1986 年，我国交通系统对盐渍土含易溶盐量的界限规定为 0.3%。2006 年，新疆公路学会主编的《盐渍土地区公路设计与施工指南》指出，盐渍土是不同程度盐碱化土的总称，在公路工程中，盐渍土系指地表下 1.0 m 内易溶盐含量均大于 0.3% 的土。

图 2.1 盐渍土

盐渍土地基通常在岩土工程中归入特殊地基，它具有一般土所没有的特点，同时也给公路、铁路等的建设带来一系列的问题，容易使得公路、铁路等出现一系列的病害。我国盐渍土地区公路病害主要有盐胀、溶陷、翻浆和腐蚀等类型。国内外研究资料表明，高含盐量地区特别是在高地下水位地区，盐分能降低路面强度，减弱封层作用，从而导致路面的破坏。破坏类型主要表现为：天然路面的不规则变形，沥青面层起皮、脱落、网裂和坑洼，基层材料中盐分聚集导致面层盐胀破坏，翻浆、腐蚀等。

新疆深居内陆，地形封闭，气候干旱，自然条件特殊，盐渍土不仅分布范围广，而且各地土的盐化程度和含盐性质差异较大。新疆境内公路受盐渍化影响，易形成严重病害，盐渍土地区公路的修建与养护存在许多特殊问题。

2.1.1 盐渍土的地理分布

1. 盐渍土的分布概况

盐渍土在世界各地均有分布。在欧洲的法国、西班牙、意大利、匈牙利、罗马尼亚均有盐渍土存在；在美洲的加拿大、墨西哥、阿根廷、智利和秘鲁的某些地区，也有盐渍土。美国的盐渍土主要集中在加利福尼亚等西部地区。非洲的盐渍土主要分布在南非、东非和北非，特别是尼罗河三角洲一带，面积相当广阔。盐渍土在亚洲，特别是中东地区分布也很广泛，主要分布在蒙古、印度、巴基斯坦、土耳其、伊朗、伊拉克、叙利亚、科威特、沙特阿拉伯等国。盐渍土在苏联的分布面积约为 75 万 km^2 之多，主要分布在中亚地区、后高加索、乌拉尔地区、第聂伯地区、黑海地区和东、西西伯利亚地区。

我国盐渍土分布十分广泛，北自辽东半岛，南至海南及南海诸群岛的滨海地带，以及大致沿淮河—颍河—秦岭—西倾山—积石山—巴颜喀拉山—唐古拉山—喜马拉雅山一线以北广袤的半干旱、干旱地区及荒漠地带，几乎地势相对低平而地面和地下径流汇集、河流滞缓的地区，都分布有各种类型的盐渍土。

盐渍土在我国主要集中在西北干旱区，在华北和东部沿海地区也有分布。从地理分布区域看可分为沿海盐渍土区和内陆盐渍土区两大类。内陆盐渍土又可以分为半湿润、半干旱盐渍土区和干旱、过干旱盐渍土区两个亚区。半湿润、半干旱盐渍土亚区，主要分布在松辽平原以西的东北西部、内蒙古东部和黄河以北的黄土高原地区靠近河道平原的低洼以及灌区附近。干旱、过干旱盐渍土亚区，较广泛地分布在我国西部新疆、青海、宁夏、甘肃北部和内蒙古中西部、西藏北部的山前洪积扇、冲积扇、扇缘绿洲、灌区附近和湖盆洼地等。由于气候干旱，蒸发强烈，地形封闭，有利于盐分的积聚，这一亚区面积最大，盐渍化类型多种多样，盐渍化程度差异悬殊，是防治公路盐渍化危害的重点区域。

由于各地自然条件的差异性，使盐分在积聚程度和组成上有较大差异。

滨海盐渍土，表层含盐量一般在 1%～4%，但华南一带因有淋溶作用强烈，含盐量较低，很少超过 0.2%，而且盐分以氯盐、亚硫酸盐为主；华北、东北一带淋溶作用相对较弱，土层盐分淋失较少，所以含盐量较高，可达 3% 以上，盐分以氯盐为主。沿海盐渍土多数是由于海水的浸渍和海岸的退移而形成的。这类盐渍土的特点主要是平行于海岸大致呈带状分布，并且以氯盐渍土居多。

内陆盐渍土分布面积广，含盐量高，类型繁多，成分复杂。其含盐量一般高达 10%～20%，甚至超过 50%，尤其青海省柴达木盆地、新疆塔里木盆地的盐渍土为最高，而且地表常结成几厘米至几十厘米厚度不等的盐壳。内陆盐渍土的盐分以氯盐、亚氯盐、亚硫酸盐为主。

盐渍土在青海、新疆、内蒙古、甘肃、宁夏等西北省区的分布较广，约占盐渍土分布地区面积的 60%。另外陕西、辽宁、吉林、黑龙江、河北、河南、山东、江苏等省份也有零星分布，在甘肃、宁夏、青海和新疆内陆盆地还分布有面积大小不同的干涸盐湖。依据《中国 1∶100 万土地资源图》中土地资源数据集，中国盐渍土面积为 $3\,630.53 \times 10^4 \text{hm}^2$，占全国可利用土地 4.88%，西部六省区（陕、甘、宁、青、蒙、新）共有盐渍土 $2506.33 \times 10^4 \text{hm}^2$（如表 2.1 所示），占六省区可利用土地面积 9.4%，占全国盐渍土面积 69.03%。其中新疆盐渍土面积最大，占可利用土地面积 19.75%，占全国盐渍土总面积 36.8%。其次是内蒙古、青海、甘肃和宁夏，如图 2.2 所示。

中国盐渍土分布虽广，但大部分集中在西北内陆盆地中，不仅危害着当地的农业生产，同时给公路、铁路建设常带来一系列困难。为了避免盐渍土对公路、铁路建筑的危害，开展对盐渍土的研究是十分重要的。

表 2.1　中国西部六省区盐渍土地面积及占农林牧土地面积的比例（10^4 hm^2）

省 区	盐渍化面积	盐渍化占可利用土地/%	盐渍化程度		
			轻盐渍化	中盐渍化	重盐渍化
内蒙古	763.07	7.56	465.56	154.26	143.25
陕西	35.08	1.87	35.08		
甘肃	103.79	3.54	21.18	62.86	19.75
青海	229.84	5.09	43.82	186.02	
宁夏	38.50	7.87	17.02	17.43	4.05
新疆	1 336.11	19.75	537.35	527.52	271.24
西部六省区	2 506.33	9.4	1 119.51	948.09	438.29
全国	3 630.53	4.88	1 793.98	1 352.12	484.42

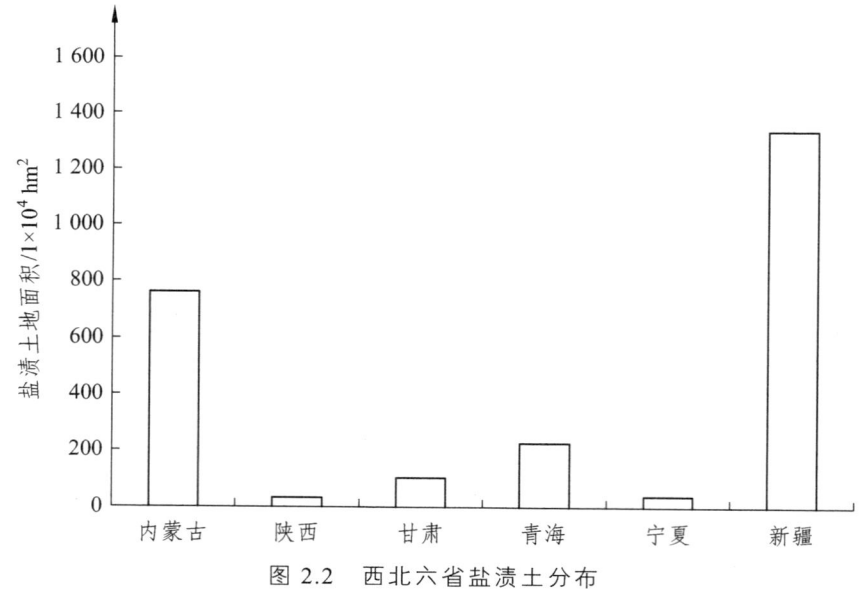

图 2.2　西北六省盐渍土分布

2. 盐渍土的分布规律

盐渍土的类型、含盐成分等均较复杂，它与盐渍土的成因有很大关系。但由于各种盐类的溶解度的不同在盐溶液蒸发时，也会因不同的地理、地貌、工程水文地质条件，而在宏观上（横向和纵向上）呈现一定的规律性。

盐渍土在横向上的规律性主要由地形地貌决定，以青海省为例，从昆仑山向柴达木盆地中心，按地貌单元分为：山前区、山前冲、洪积倾斜平原区，冲、洪积平原区，湖积平原区和察尔汗盐湖区。地形由陡变缓，土粒粒径逐步由粗变细，地下水位埋深由深变浅。由于碳酸盐的溶解度小，所以在山前洪、冲积倾斜平原区，形成以碳酸盐为主的盐渍土带。而在冲、洪积平原区，则成为过渡带，从含少量的碳酸盐，过渡到以含硫酸盐为主的盐渍土和氯盐渍土。在毗邻察尔汗盐湖的湖积平原区，地下水位较浅，土中含的主要是易溶的氯盐。

盐渍土在纵向上的规律性则是由于含盐的地下水或毛细水的迁移和受蒸发的过程中，因溶解度的不同先后以不同的次序达到饱和并析出呈现一定的规律性。如碳酸钙因其溶解度小最先析出，故埋藏较深，其次是硫酸钙；而硫酸钠只有在冬天温度较低时结晶析出，呈现季节性；硫酸镁和氯化钠的溶解度大，所以只有在特别干旱时，在强烈的地表蒸发下，浅层土中才有盐结晶析出。同样易溶的氯化钠氯化镁，因其具有很强的吸湿性，所以只有在炽热的酷暑中，空气特别干燥时，才能从饱和的盐溶液中析出，但当空气的湿度增高时，就很快转变为溶液。总之，盐渍土在纵向上的规律是氯盐在地面附近的浅层处，其下是硫酸盐，碳酸盐在较深的土中。当然，实际上并没有明显的界限。

3. 新疆盐渍土的总体分布

新疆属于内陆盐渍土区，地层和土壤富含盐分，且含盐种类、性质及盐渍化程度在各地差异很大。盐类以硫酸盐和氯盐为主，集中分布在南北疆两大盆地的平原地区。在地势低平地区分布有盐碱荒漠土和结皮盐土；沿天山南北两侧冲积扇边缘的泉水带分布的是盐化草甸土、盐化和沼泽荒漠土；天山以南盆地的洼地和塔里木河两岸分布的是盐化草甸土。在上述盐土分布区内也有碱土分布。盐土盐分较为复杂，以硫酸盐和氯化物为主。天山以北伊犁盆地的盐土以氯化物、硫酸盐为主；天山以南和东部地区的盐土分别以硫酸盐和氯化物为主；各盆地洪积扇边缘的盐土以硫酸盐为主；南疆的盐土还含有碳酸盐。

新疆盐渍土的总体分布规律为：南疆盐渍土面积明显多于北疆，而且，盐渍土分布明显地和天山、昆仑山、阿尔泰山相联系，集中分布于沙漠边缘，紧邻现代绿洲和古老绿洲或分布于绿洲内部，在北疆集中分布于准噶尔盆地南缘的天山北部和准噶尔盆地北缘的阿尔泰山南麓；在南疆则集中分布于塔里木盆地北缘的天山南麓和塔里木盆地南缘的昆仑山北麓；吐鲁番、哈密、罗布泊也有成片分布。从分布的地貌类型看，盐渍土最集中分布于山前洪积、冲积扇，其次是大河三角洲。前者盐渍土面积约占其荒地土壤面积的55%，后者约占其土地类型的50%。不同地貌部位土壤积盐情况如表2.2和图2.3所示。

表 2.2 不同地貌部位土壤积盐情况

地貌类型	0~30 cm 土壤平均含盐量/（g/kg）	盐渍土占荒地土壤面积/%
山前洪积、冲积扇	100~240	54.7
大河三角洲	71.4	49.3
天山山间盆地	25.6	16.0
塔里木河冲积平原	22.1	12.6

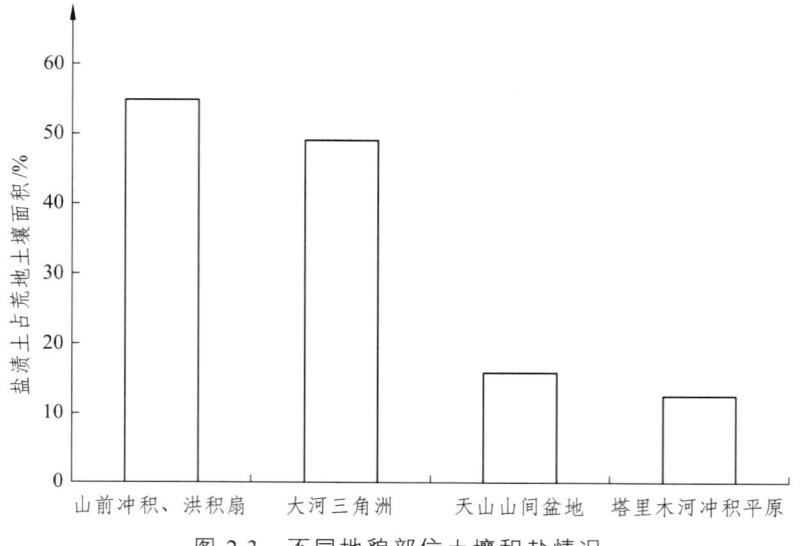

图 2.3 不同地貌部位土壤积盐情况

内陆盆地盐渍土一般具有明显的水平分带性，自山前砾石荒漠带，依次为以硫酸盐为主的松胀盐土带、以氯盐为主的结壳盐土带。从地表现象直观地看，依山的远近具有这种平面分带性，一般硫酸盐渍土带地表往往有白色粉末状盐霜，0.5 m 左右土体松胀，人走陷脚，车行困难，生长有芦苇、红柳等植物；氯盐渍土带地表常有 10~20 cm 厚呈波浪状的盐壳。含盐量高，植被稀疏，低洼处的盐壳下为淤泥，形成盐沼。

2.1.2 盐渍土的形成

近代观点认为，盐渍土的盐来源于三个方面：岩石中的盐类的溶解，工矿业废水的注入和海水的渗入。而盐的迁移和在土中的重新分布，则靠水流和风力来进行，因此，盐渍土的形成及其分布，均由其当地的地理、地形、气候以及工程地质和水文地质条件等自然因素决定。而人类的活动也能造成土的盐渍化，形成次生盐渍土。归纳起来，盐渍土的形成，主要由于以下几个原因：由含盐的地表水蒸发形成，由含盐的地下水通过毛细作用上升到地表蒸发形成，由含盐的海水蒸发及由盐湖、沼泽退化而成等原因形成。

1. 西北盐渍土的形成条件

盐渍土的生成、发展与演变，是所在地区自然条件（地形、地质、水文、土质、气候等）综合作用的产物。人类的活动也有着较大的影响。其中气候条件是引起土质盐渍化的主要外在因素，内在因素则是易溶盐的存在，并通过地形、土质、水文、水文地质等条件发生迁移和积聚。

西北地区属于荒漠生态环境，由于缺乏降水的淋溶作用，土中积累的易溶盐较其他区域多；加上强烈的蒸发，不仅地表水蒸发浓缩，同时矿化的地下水借助毛细作用上升到地表，所以盐渍化就成为西北地区普遍而突出的特点。西北地区绝大多数的内陆河，河流所携带的盐分均汇聚于下游低洼处，成为盐沼或盐湖。地下径流在盆地低洼处接近地表，导致水分持续大量蒸发，因此，各个盆地斜坡的中部或中下部都是盐渍土的分布地带，是水热不平衡造成盐水不平衡的结果。

西北深居内陆腹地，四周又有高山阻挡，来自海洋的潮湿气流不能到达，故具有强烈的大陆性气候特点，降水稀少，蒸发量大，气温变化剧烈，成为我国最干旱的地区。其主要气候特点为：

（1）降水稀少，蒸发量大：本地区除北疆和高大山地之外，年降水量均在 200 mm 以下，局部地区如河西走廊西部地区不足 30 mm，但蒸发量极大，竟达 3 000 mm 以上，干燥度也高达 80 左右，相对湿度只有 40%～90% 左右。极端干旱的气候条件有利于盐分在土层中积聚。

（2）气温变幅大：本地区夏季酷热，冬季严寒，年较差、日较差都很大。如据气象资料统计，年均气温 4.3 ℃，极端高温 35 ℃，以察尔汗、格尔木为热中心；极端最低温 –33.6 ℃，以格尔木为冷中心，最冷月（1月）平均气温 –22.3 ℃，最热月（7月）平均气温 24.9 ℃。剧烈的气温变化，不仅加速盐类的运移，同时改变着盐类的熔点和冰点，影响土的工程性质。如硫酸盐渍土，随着温度变化而发生相态的转变破坏着土的结构。

（3）风大、风多：由于西北地区有很大的风，所以使得地表蒸发和植物蒸腾作用加剧，盐渍化临界深度加深，地下水矿化度间接增大。

地貌对干旱气候条件下盐渍土的形成有着深刻的影响。从大的地貌类型看，我国西北盐渍土大部分在群山环抱的内陆盆地中。这些盆地多为封闭、半封闭型，而且绝大多数河流为内陆河流，与地下水一起溶解周围山区的易溶盐分，并携带至盆地低洼处积聚沉积下来。从次一级地貌单元看，盐渍土只发育在河流三角洲、河漫滩、低级阶地、滨湖平原及山前洪积、冲积平原上。其中尤以盐湖周围积盐过程最强烈，滨湖盐壳分布广泛。如察尔汗盐湖南岸有宽达数十千米的超氯盐渍土，地下水埋藏很浅，矿化度高达 300 g/L，并且具有良好毛细水作用的细粒土层，如黏砂土、粉细砂等，气候极端干旱，地表积盐严重。

由于不同地貌单元直接影响到地下水的埋藏深度、矿化度以及矿化类型，因此地形对盐分有重新分配的作用。

2. 新疆盐渍土的形成过程

新疆四周高山环绕，形成"三山夹两盆"封闭式的内陆盆地。新疆远离海洋，受海洋气流的影响很小，大陆性气候强，平原地区降水量少，日照强烈，蒸发旺盛，气候干燥。北疆属于温带干旱、半荒漠、荒漠气候，南疆属于暖温带极端干旱荒漠气候，全疆气温年差很大。夏季北疆一般在 40～45 ℃ 之间，南疆在 30～35 ℃ 之间。北疆平原区各地年降水量多在 150～200 mm 之间，南疆平原区大都不足 100 mm，东南部大多在 50 mm 以下。蒸发量：北疆各地多在 1 600～2 000 mm 之间；南疆一般为 2 000～3 000 mm。

新疆境内除额尔齐斯河外，都是内陆河，径流不出境外，盐分也只能在盆地内部重新分配。由山区含盐地层分化的成土母质，通过水流把盐分带到盆地，使地面水与地下水的矿物质逐渐增高，成为盆地与低洼土壤盐分的主要来源。新疆强烈蒸发的气候条件和地下水矿化度较高的水文地质条件是新疆土壤积盐严重的主要因素。另外，大量盐生植物和人类频繁破坏活动也加剧了土的盐渍化。

新疆地区盐渍土的分布特征是与新疆区域大地构造格局密切相关的。塔里木古地台和准噶尔地台区形成的封闭半封闭内陆海盆或湖盆，由于山地不断抬升和气候在冰后期逐渐转暖和干燥，冰川融溶，洪水将山地的大量碎屑物质带入湖盆。在大气降水和冰雪融水由山区向盆地中心方向流动的过程中，作为溶液在岩石裂隙和松散岩孔隙中获得盐分补给，特别是在流经第三系含盐地层的过程，水溶液的浓度增加得更快。水所携带的物质在重力分导作用下，较细颗粒的物质能够推移较远；较粗颗粒碎屑则在山前，由近而远形成由粗而细的堆积。

在山前一定距离范围内，堆积以粗、巨碎屑物质为主的砾质倾斜平原带，具有大孔隙的特点，成为山前地下水的形成区和地下径流畅通区。地下潜水因水源充沛、更替快捷而处于较低的矿化程度，且因埋深较大，而环境气温变化的影响甚微，因而水中盐分不能析出。

在山前砾质带前缘，由单一的粗、巨粒碎屑堆积，渐变为粗、细粒碎屑交互堆积，随着距山地距离的增大，形成多层的粉粒、黏粒物质交错堆积，由于沉积碎屑粒度与孔隙大小的迅速改变，地下水的运移受阻，水位埋深也很快变浅，甚至在粗、细粒碎屑交替带前沿溢出成泉，形成冲积扇前缘潜水溢出带。地下水的溢出，在干旱环境条件下，由于蒸发作用强烈，使浅表层地下水的盐分浓缩，矿化程度加剧，形成浅层咸水，并在土壤表层形成盐分残留积聚，而形成含盐量较高的盐渍土。

因此，新疆盐渍土集中分布于山前冲积、洪积扇缘的地下水溢出带，地下水溢出带上侧是绿洲集中分布区，这里也是土壤次生盐渍化比较严重的地带；在冲洪积扇的顶部和上部则很少见到有盐渍土分布，扇缘地下水溢出带以下，随着地下水埋深的增加，土壤荒漠化越来越明显，盐渍土零星分布或分布有较大面积的残余盐土（图 2.4）。

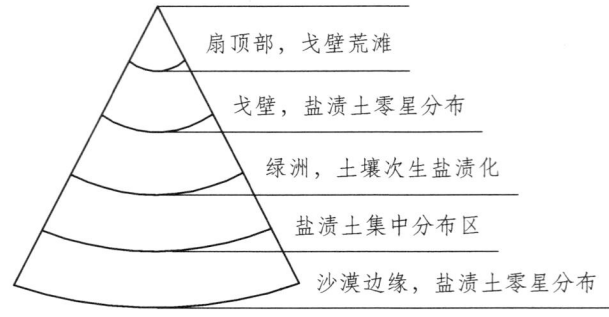

图 2.4　盐渍土随冲洪积扇地貌部位的分布规律

大部分道路在山前倾斜砾质平原穿引延伸，因而有部分道路避免不了在多个冲积扇的结合部——扇间低地细土带通过，而扇间低地是以黏性土为主的较为软弱的地基，地下水径流滞缓、埋深小，受气温影响剧烈，蒸发强烈，因而为盐渍化较重地段，而这类地段的类型多以硫酸盐为主，硫酸盐在水分适宜条件下，随环境温度的变化，极易形成结晶盐发生盐胀，造成了公路路面路基变形破坏，直接影响交通运营质量，因而成为交通公路建设一大病障。另外，人类垦荒和无节制的滥灌制度，使水位沉降带的水位升高，产生次生盐渍化，也加剧了盐渍化的范围和程度。

2.1.3　新疆盐渍土的主要特点

新疆山区的岩石和成土母质普遍含有易溶性盐类。盐分随水不断地流到平原地区。由于新疆气候干旱，土壤没有或者很少受淋溶，以致易溶性盐分不能完全从土体中排出，土壤中盐分几乎都保存下来而积累于土壤剖面的一定深度内。土壤中积累的易溶盐的数量，通常随气候干旱程度的增加而增加。同时出现的层位也随之升高。由于新疆盆地的地形闭塞，水和盐都没有出路，在地形低洼部位，是地面水和地下水的汇集区，易溶性盐的积累更多。当土壤中盐分积累达到一定数量后，引起了质变，结果在新疆形成大面积的盐渍土。

1. 盐渍土的分布特点

（1）新疆盐渍土分布面积广。

在新疆荒地中，各类盐渍土有 11 000 万亩（1 亩约为 666.67 m^2），约占全部荒地面积的三分之一。盐渍土在新疆山区和荒地都有分布。其中以准噶尔盆地北部，塔城盆地和伊犁谷地的盐渍土面积最小，至天山北麓盐渍土面积开始增多，及至塔里木盆地，盐渍土的分布则非常广泛。

（2）盐渍土的水平分布有明显的水平地带性。

新疆盐渍土水平分布具有明显的地带性特点。从北到南盐渍土的面积增大，土壤含盐量增高。在天山北麓从东到西，在昆仑山北麓由西到东也有同样增加的趋势。在准噶尔盆地，温度较低，气候干旱，属温带荒漠。在砾质洪积－冲积扇上有石膏的积累，洪积－冲积扇缘或冲积平原，易溶盐的水平分异明显。在塔里木盆地，气温较高，极端干旱，属暖温带荒漠。砾质洪积－冲积扇上既有石膏，又有大量的明显的易溶盐积累，在扇缘及洪积平原，盐分的水平分异不太明显。

（3）绿洲次生盐渍土普遍存在。

在绿洲中，原为耕地。由于利用不当或措施不力等原因，导致耕地土壤不断地强烈积盐而形成次生盐渍土。次生盐渍土的盐分种类繁多，盐分组成复杂。在绿洲内的灌溉淋溶条件下，盐分组成变化迅速，在一个局部范围内，可见到多种盐类混合同时存在。次生盐渍土的形成不仅有自然积累的过程，人类生产活动也加剧了积盐的速度和强度。

（4）荒漠地区存在大面积干盐土（或称残余盐渍土）。

除了因地下水位高所造成的现代积盐过程形成的盐渍土外，在哈密盆地，吐鲁番盆地，塔里木盆地及准噶尔盆地南部，存在大面积的干盐土。这是由于自然条件的改变，促使原来盐渍土的地下水位逐渐下降，而演变成为现已停止积盐的干盐土。

（5）山前洪积细土平原上发育洪积盐渍土（或称荒漠盐渍土）。

由于洪积－坡积作用，洪水流经含盐很高的地层，携带盐类积累在天山南麓山前洪积细土平原上，形成洪积盐渍土。

（6）风沙侵入地带分布风沙盐渍土（或称埋藏盐渍土）。

新疆沙漠面积约占新疆土地面积的 24.5%，而塔克拉玛干沙漠约占新疆总面积的 19.8%。在塔里木盆地风沙入侵地带，当大风旋土飘沙时，塔克拉玛干沙漠边缘和昆仑山北麓的风沙地带，地表部分为风沙覆盖，使原来的盐渍土被掩盖在覆沙层底下，形成特有的风沙盐渍土。

（7）寒冷、干旱的高山出现山原盐渍土（或称寒漠盐渍土）。

在昆仑山和阿尔金山的雪线以下的寒冷、干旱的高山地区，雨水或冰雪水把岩石风化后析放出来的盐分带到相对低平洼地聚积起来，形成特殊的山原盐渍土。

2. 盐渍土剖面盐分聚积特点

（1）盐渍土的盐分含量高。

新疆盐渍土的含盐量高，一般为 3%～5%。塔里木盆地扇缘地带多数已为盐渍土，表层（0～30 cm）的含盐量可达 10%～30%。罗布泊盆地一般可达 20%～40%，最高达 80%。

（2）盐渍土的积盐速度快，盐分的聚积强度大。

新疆气候干旱，降水量极少，蒸发量很大，年蒸发量大于降水量，在北疆为 6～15 倍，在南疆为 20～30 倍，在且末、若羌可达 300 倍。在塔里木盆地的自然条件下，土壤盐分在剖面中只有向上移动和积累，而盐分向下淋溶几乎不可能产生。土壤内部时刻进行强烈的积盐过程。当地下水位在 1.5～2.0 m，矿化度为 2～5 g/L 时，耕地撂荒 2～3 年即可成为盐渍土。

（3）盐分的表聚性强。

盐渍土的盐分在土壤剖面的垂直分布中，大部分集中于表层。表层含盐量可占剖面含盐量的 60% 以上。塔里木盆地盐渍土的盐分聚积于土壤剖面表层（0～30 cm），往下锐减。准噶尔盆地的盐渍土盐分亦聚积于表层，但往往是到 1 m 左右含盐量才显著下降。

（4）盐渍土的表层有盐结皮或盐结壳。

北疆大部分盐渍土的表层，有小于 3 cm 的盐结皮，其含量占表层（0～30 cm）总盐量的 1/3 以上。北疆的盐结壳不明显。在南疆，大部分盐渍土具有厚度大于 3 cm 以上的盐壳，结壳盐渍土分布广泛。盐壳呈永久形式存在，其含盐量可达 60%～80%。

（5）干盐土的盐分在土壤剖面中多数为盐盘。

干盐土中的易溶盐，在土壤剖面中、下部的聚积也具有很大的普遍性。多数形成厚达 10 cm 以上坚硬的盐盘，盐分含量在 20%～40%。这是过去土壤剖面曾多次受地下水毛细管上升水流影响的结果。

（6）新疆盐渍土的积盐时间长。

从盐渍土剖面的诊断层和诊断特征分析，干盐土盐分曾发生过重新分配，在土壤剖面中出现了一或二至三层盐盘，其聚积位置通常是在石膏层以下，或者与石膏层相结合。由此可见，新疆盐渍土的积盐时间长。

3. 盐渍土的盐分组成特点

（1）盐渍土的盐分组成复杂。

盐渍土由多种盐分组成，有的以氯化物为主，有的以硫酸盐为主，有的以苏打为主。盐渍土的盐分多数情况是呈混合盐类存在。例如，在焉耆盆地，地下水位高，矿化度低的地方，苏打与氯化物、硫酸盐呈混合盐类存在。

（2）各地盐分组成差异明显。

在塔里木盆地，以氯化物或硫酸盐-氯化物为主，没有明显的硫酸盐累积带；准噶尔盆地南部以硫酸盐或氯化物-硫酸盐为主；阿尔泰山南麓以苏打-硫酸盐为主。

（3）含有高量硝酸盐盐渍土。

在吐鲁番盆地和哈密盆地，存在新疆特有的硝酸盐含量很高的盐渍土。这种盐渍土的 NO_3^- 含量可达 0.5%～1.0%。在土壤剖面中，硝酸盐含量最多的层次与剖面中芦苇残根最多的层次明显的相一致。盐渍土中的硝酸盐的形成与生物化学过程有关，也与吐鲁番盆地周围含有硝石矿有关。

（4）镁盐含量高的碱性盐渍土。

在焉耆盆地的碱性盐渍土中，地下水位 1.0～1.5 m，矿化度 1～3 g/L。除苏打盐渍土外，还混合有镁质盐渍土。可溶性盐中，碳酸镁和重碳酸镁占的比重很大，镁离子的含量很高，一般超过钙离子的含量，有的还超过钙离子和钾离子的含量。土壤溶液碱性很强，pH 大于 9.0。

（5）盐渍土剖面中石膏累积有普遍性。

新疆盐渍土剖面中石膏的累积是很普遍的。石膏含量从北到南，由东向西有逐渐增多的规律。这与气候的干旱程度一致。在砾石洪积-冲积扇上，石膏累积常在盐结皮下发生并富集于砾石背面或砾石之间，呈纤维状或蜂窝状。在洪积－冲积扇扇缘或冲积平原上，石膏一般累积层位较深，并分布在细土粒之间，呈小粒状、粉末状或小结晶等。在古老洪积扇上，石膏含量较多。而较年轻的洪积物的细土平原上则石膏较少。掌握石膏在盐渍土剖面中的累积特点，有助于辨识盐渍土类型、成土母质和成土年龄。

（6）新疆盐渍土中普遍存在碳酸钙。

新疆盐渍土剖面的石灰反应强烈，并且碳酸钙在土壤剖面表层聚积。盐渍土碳酸钙含量为5%～20%，以10%～15%居多。

综上所述，新疆盐渍土的形成特点取决于盐分的来源、盐分的组成、盐分在土壤剖面中的移动和累积，形成盐渍土剖面的诊断层和诊断特征，以及盐分之间的相互作用等。新疆盐渍土总的特点，仍然与其干旱内陆的自然条件密切相关，所以新疆盐渍土的分布具有明显的地带性特点。此外，次生盐渍土的形成和演变更为复杂，分布也比较普遍。

2.1.4 盐渍土地区的道路病害

1. 盐渍土的工程特性

盐渍土是一种土层内含有石膏、芒硝、岩盐（硫酸盐或氯化物）等易溶盐且其含量大于0.3%的土。盐渍土具有与一般土不同的物理和工程特点：

（1）盐渍土的三相组成与一般土不同，液相中含有盐溶液，固相中含有结晶盐，尤其是易溶的结晶盐。这些相的转变对土的大部分物理指标均有影响，因而，测定非盐渍土物理性质指标的常规土工试验方法对盐渍土完全不适用，对土的颗粒分析、塑限和液限试验结果以及重度、含水量等给出的不正确的评价，会导致对土的名称和状态等的错误判断。

（2）盐渍土中的盐遇水溶解后，土的物理和力学性质指标均会发生变化，其强度会发生变化，其强度指标明显降低，所以盐渍土地基不能同一般的地基一样只考虑天然条件下的原始物理和力学性质指标。

（3）盐渍土地基浸水后，因盐溶解而产生地基溶陷。地基溶陷量的大小主要取决于易溶盐的性质、含量及分布形态；取决于盐渍土的类别、原始结构状态和土层厚度；取决于浸水量、浸水时间和方式；取决于渗透方式和土的渗透性等。

（4）某些盐渍土（如含硫酸钠的土）地基，在温度或湿度变化时，会产生体积膨胀，对建筑和地面设施造成危害。这种由于盐胀引起的地基变形的大小，取决于土中硫酸钠含量的多少以及土中温度与湿度的大小。

（5）盐渍土中的盐溶液会导致建筑物和地下设施的材料腐蚀。腐蚀程度取决于材料的性质和状态以及盐溶液的浓度等。由于盐渍土特殊的工程性质，导致公路地质灾害屡屡发生，盐渍土与岩盐公路的主要病害有盐胀、松散、裂缝、沉陷和降水后发生淋溶而泥泞，造成路面坎坷不平。

2. 主要道路病害

盐渍土对工程建设的危害是多方面的，据不完全统计，每年因此造成的直接经济损失高达上亿元。盐渍土地基对工程的危害主要是由其浸水后的溶陷、含硫酸盐地基的盐胀和盐渍土地基对基础和其他地下建筑的腐蚀造成的。此外，在盐渍土地区所用的工程材料（如砂、石、土等）和施工用水中，常含过量的盐类，也造成了对工程建设的危害。

我国盐渍土分布较广，各地盐渍土的成因、组成和特征都有明显特点，因此，不同地区盐渍土的危害表现有所不同。如地下水位较高的盐湖和滨海地区，其危害表现为对基础和地下设施的腐蚀作用；而对地下水位埋藏较深的干旱地区，地基的溶陷性较明显，而腐蚀现象并不严重；以含硫酸盐为主的盐渍土地区，其盐胀性造成的危害较大。

对于公路工程来说，盐渍土造成的主要病害是：盐胀使路基路面开裂，路肩及边坡松散剥蚀；受水浸湿时，路基强度与稳定性急剧降低，发生溶陷变形；加剧路基的冻胀与翻浆；对水泥、沥青、钢材等材料有侵蚀作用。这些病害通常在老路上表现得更为突出，且这些病害造成的破坏常常是不可恢复的，一旦发生，防治就很困难。

（1）盐胀使路基路面开裂，路肩及边坡松散剥蚀。

路基土盐胀的形成，是土体内硫酸钠迁移聚积、结晶体胀和土体膨胀三个过程的综合结果，是由于土中液态或粉末状硫酸钠在外界条件变化时吸水结晶而产生体积膨胀所造成的。土体中硫酸钠的存在及迁移聚积是造成盐胀的物质基础。土体内毛细水上升、水汽蒸发和低温作用是促使盐水向上迁移聚积的基本条件。

硫酸盐渍土的盐胀与一般膨胀土的膨胀不同，一般膨胀土的膨胀主要是由于土中含有的强亲水性黏土矿物吸水后导致土体膨胀，而硫酸盐渍土的盐胀则是结晶膨胀，是指盐渍土因温度降低或失去水分后，溶于土孔隙中的盐分浓缩并析出结晶所产生的体积膨胀。

青海、新疆等内陆盐渍土地区道路调查表明，盐渍土盐胀是盐渍土地区道路主要病害之一。其对道路的破坏形式主要表现在：路肩及边坡松散剥蚀，路面产生不均匀变形，形成波浪、鼓包，使路面的平整度严重下降。因盐胀的反复作用，促使路基土体的结构遭到破坏，引起路基整体强度和稳定性下降，产生不均匀沉陷。这种现象在路基含盐量大的路段，表现得尤为突出。盐胀导致的不均匀变形使路面开裂，经行车辗压，加速路面破坏。

（2）易溶盐的存在加剧了路基的冻胀与翻浆。

当温度长时间停留在 0 ℃ 左右时，土基表面的土开始冻结。若未冻区有充分的水供给时，水分发生连续向冻结线的迁移，使土基上部聚集大量水分，温度继续下降时，土基上部将会形成冻胀。当土基的含盐量在一定范围内时，由于冰点降低、水分聚流时间延长，可加重冻胀。

传统意义上的翻浆定义，是指在寒冷地区天暖解冻时，路面下的冻土开始融化，使路基土层饱水软化，在行车作用下造成路面破裂，从裂缝中冒出泥浆的现象。这种翻浆也称为冻融翻浆，是季节性冰冻地区的主要病害之一。对非冰冻地区，在路基低洼受地下水、地面水的影响，或者由于路面水排水不畅、地面水泄漏等，都可能使路基土壤含水量过大，路面整体强度减弱，从而导致与冻融翻浆相同的路面损坏。对以上两种翻浆分析可知，翻浆是由于土质、温度和水 3 个自然因素和荷载的共同作用形成的。

盐渍土地区既具有一般公路翻浆的共性，又有自身的特点。在干燥状态时，盐类呈晶体状，地基土有较高的强度，但盐类浸水易溶解，呈液态后土的强度降低，压缩性增大。含盐量愈多，土的液塑限愈低，则可在较小的含水量时达到液性状态，抗剪强度降低到近于零。同时，氯化盐土有明显的保湿性，从而使土壤长期处于潮湿、饱和状态，易产生"液化"现象。硫酸盐渍土春融时结晶体脱水也可以加重翻浆的作用。可见易溶盐的存在使盐渍土翻浆更容易形成。

新疆曾对全疆盐渍土地区干线公路路况进行了较全面考察,结果表明,在高地下水位地段,路面破坏比较严重,季节性翻浆为主要病害之一。盐渍土翻浆问题也是甘肃酒泉地区公路上的首要病害。根据路面变形、破坏程度的不同可分为轻型(路面龟裂、湿润、轻微弹簧、不影响行车)、中型(大片裂纹、路面松散、局部鼓包、车辙较浅)、重型(严重变形、翻浆冒泥、车辙较深、行车困难)3级,并以轻型和中型居多。

(3)受水浸湿时,路基强度与稳定性急剧降低,发生溶陷变形。

湿(溶)陷是氯化物盐渍土地区道路的主要病害之一。它是由于道路盐渍土地基或结构层在淡水作用下,盐分溶解并被水分带走,导致土体强度逐渐丧失,在荷载或自重的作用下,盐渍土地基或结构层出现沉陷、孔洞等破坏(图2.5~图2.7),并逐渐反映至面层。

图 2.5 盐渍土路面病害

图 2.6 溶陷

图 2.7 孔洞

具有溶陷性的盐渍土地基一旦浸水后,因土中的可溶盐的溶解,结构强度的丧失,使地基承载力下降并产生较大的沉降,不均匀的浸水导致不均匀的地基沉降,导致建筑物的开裂和破坏。另外,地基溶陷变形的速度很快,如在砂类土中,浸水一昼夜基础下降 20cm,这就更加加重了对建筑物的危害。

(4)盐分对水泥、沥青、钢材等材料有侵蚀作用。

含盐地层的腐蚀可以分为物理腐蚀、化学腐蚀以及电化学腐蚀等。盐渍土中 $NaCl$、Na_2SO_4 等盐类的腐蚀作用能使混凝土构造物、金属物等道路设施产生麻面和疏松等类型的损坏。

盐渍土地区的道路工程受腐蚀的危害相当普遍。研究分析表明,构造物因腐蚀而破坏的原因来自两方面:一是液相盐溶液和含盐的地下水,通过毛细作用或直接浸入基础、管、沟的地下设施内,造成的盐胀物理腐蚀和直接与建筑材料发生化学反应;二是建筑材料中含有盐类,遇水后因温度、湿度的变化,在材料内盐结晶产生很大的内应力,造成破坏。腐蚀不仅对建筑物,而且对埋入盐渍土中的其他设施的危害更大,例如新疆的克拉玛依地区的钢筋混凝土电线杆,曾大量因腐蚀而报废,又如预应力钢筋混凝土大直径输水线路,也曾遭到严重破坏,造成巨大的经济损失。

3. 改建道路常见病害

盐渍土地区改建道路,早期破损出现较快且发展迅速。新疆 S310、S215 等改建道路在完工当年的冬季就出现裂缝,采用切除破损路面加铺玻纤格栅等方法处治并未取得较好效果，处治后的路面在原位置重新出现裂缝。

改建道路路面早期破损通常以纵向裂缝为主，裂缝宽度约为10～30 mm，严重开裂可达60～70 mm，长度一般为10～15 m，有的达40～50 m，甚至个别达到50 m以上，深度可达1.2～1.4 m。路面裂缝主要出现在利用老路一侧，大致集中在老路中线左右2 m以内，成纵向规则分布。新疆改建道路S310线基本为左侧路基加宽，由原地面起用沙砾料填筑路基1 m左右，铺设土工布后再做路面结构。右侧利用老路，直接在路面上铺设土工布后做路面结构，部分路段（如K91～K93）挖除了老路破损严重的路面。路面裂缝就是出现在利用老路一侧，且向路肩延伸。

路拱变形（图2.8）也是改建道路的病害之一。新疆S215线纵向平整度经3 m直尺检查基本符合要求，但路面的横向路拱并不符合要求。两侧路肩受盐胀和冻胀而抬高，导致路肩处面层与基层脱离，路面拱成W形，造成排水不畅，路面积水下渗亦会加速道路破损。

图2.8　路面翘曲

新疆S310线在挖探坑至两布一膜土工布时，发现土工布已绷紧，裂缝（图2.9）在老路沙砾层上亦可以清晰的看出来，直至新路面裂缝。新老路面结构上的裂缝基本是贯通的，裂缝穿过新路油面层、水稳层、底基层（级配沙砾）、老路油面层、老路基层（级配沙砾）于老路土基内消失，裂缝呈上宽下窄的张开裂缝。多处早期破损严重路段的挖探表明，路面裂缝具有老路裂缝的延续性。

图 2.9 纵缝剖面

2.1.5 盐胀的影响因素及评判方法

硫酸盐渍土的盐胀过程是土体孔隙溶液中硫酸钠吸水结晶的外观表现。土体硫酸钠的存在及迁移积聚是造成膨胀的物质基础,土体毛细水上升、水汽蒸发和低温作用是促使盐水向上迁移积聚的基本条件。土体的盐胀程度是盐、水、土共同作用的结果,在所考虑的三个因素中,对盐胀影响大小依次为含盐量>含水量>干密度。土体在一定的初始密度、含水量、含盐量条件下随温度变化所表现出的盐胀过程有一定的规律性。国内外研究表明,高含盐量地区,特别是在高地下水位地区,盐分能降低路基强度,从而导致路基路面的破坏。

(1) 土体硫酸钠含量。

硫酸钠含量是硫酸盐渍土盐胀量大小的决定性因素之一,在土质、降温速率、含水量、密实度等条件相同时,土体盐胀量随硫酸钠含量的增加而增大,呈指数关系。一般情况下,硫酸钠含量达到 0.5% 时,土体开始膨胀,此值是起胀含盐量的临界值,当硫酸钠含量 < 1% 时,盐胀率均 < 1%;当硫酸钠含量 > 2% 时,盐胀量随硫酸钠含量的增加而迅速增大。通过袁红等人的研究,路基容许含盐量与公路等级、当地的盐胀深度和土体密实度有很大关系。一般认为,对水泥混凝土路面如胀深较大,容许含盐量为 0.6%;对沥青路面如胀深较小,容许含量为 2%。

（2）土体含水量。

从无水或过饱和的硫酸钠结晶膨胀的机理可以看出，硫酸钠的结晶必须吸收 10 个水分子，因此水是硫酸盐渍土膨胀的必要条件。一般内陆盐渍土含水量较低，只有在温度或含水量发生变化时，土体才会产生膨胀。硫酸盐渍土最大膨胀量基本上以该种土的最佳含水量为界线，当土中含水量大于或小于土的最佳含水量时，膨胀率都有不同程度的降低，这是因为在最佳含水量时，土容易达到最佳密实度，此时土的孔隙率较小，一旦发生盐胀，土即发生膨胀变形，而小于或大于最佳含水量时，土的夯实不易达到最佳密实度，孔隙率相应较大，此时即使发生盐胀也优先填充土中孔隙，不易使土体产生膨胀。

虽然起胀含水量与土质有关，但在降温速率、密实度等条件相同时，盐渍土含水量对盐胀的影响有一个最佳范围，高江平教授通过大量的试验、实测资料分析得出：当含水量 < 6% 时，无论硫酸钠含量是多少，盐胀率 < 1%；当含水量 > 6% 时，盐胀率随含水量的增加而迅速增大，但有一峰值，超过此值后，含水量继续增加盐胀率反而减小；盐胀率峰值出现在标准重型击实所得的最佳含水量与塑限之间。

（3）土体密实度。

在降温速率、含水量等条件相同时，高江平教授等通过大量的室内试验分析认为盐胀率随初始干密度的增加呈二次抛物线规律增大，当初始干密度 < 1.8 g/cm³ 时，盐胀率随初始干密度的增加而增大，当初始干密度 > 1.8 g/cm³ 时，盐胀率随初始干密度的增加而减小。

（4）土体温度。

当含水量、含盐量等具备使土产生膨胀的条件，温度则是促使硫酸盐渍土膨胀的决定因素。一般在正温 15 °C 左右开始有膨胀反映，至零下 6 °C 时，膨胀量基本趋于稳定，并且在 0~6 °C 的范围内，膨胀变化的速率最大，一般完成了总膨胀量的 90% 以上。同时土体的降温速率也是影响硫酸盐渍土膨胀的重要因素。

（5）土体氯化钠含量与 Cl^-/SO_4^{2-}

由于氯化钠对硫酸钠的盐析作用，能降低溶液中硫酸钠的浓度，从而使盐胀率降低，而且硫酸钠的含量越高降低效果越显著，随着氯化钠含量增加，各种硫酸钠含量的盐渍土增长的盐胀均减小，但氯化钠含量

＞5% 以后效果不显著。氯化钠还可以使硫酸盐渍土的起胀温度降低，缩小盐胀剧烈增长的温度区间。硫酸钠在氯盐中的溶解度随氯盐浓度的增长而减小，当土中的 Cl^-/SO_4^{2-} 含量比值增长到 6 倍以上时，抑制盐胀效果最为显著。

（6）土体中黏粒含量。

在降温速率、密实度等条件相同时，当黏粒含量为 0%，盐胀率均 ＜1%；当黏粒含量为 0%～20% 时，盐胀率随黏粒含量增加而增大；当黏粒含量 ＞20% 时，盐胀率随黏粒含量的增加变化不大。

2.2 盐渍土基本概念和工程性质

盐，由金属离子（包括铵离子）和酸根离子所组成的化合物。按其在水中溶解度大小，盐分为易溶盐（如氯化钠、硫酸钠、硫酸镁）、中溶盐（如硫酸钙）、难溶盐（如碳酸钙）。碱土是土壤胶体吸附代换性钠离子较多，或含有碳酸钠、碳酸氢钠，因而呈碱性反应的土。而盐渍土是不同程度盐碱化土的总称。一般地：在公路工程中，地表以下 1.0 m 范围内易溶盐含量平均大于 0.3% 的土称为盐渍土。

盐渍化指土壤中积聚盐分的过程，亦称盐碱化。次生盐渍化指盐渍土地区由于人为和自然因素而引起土壤盐渍化的过程。

2.2.1 盐渍土分类

1. 盐渍土按地理区域分类

我国盐渍土分布较广，按地理区域划分，可分为沿海盐渍土区和内陆盐渍土区两个大区，内陆盐渍土又可分为半湿润、半干旱盐渍土和干旱、过干旱盐渍土区两个亚区。

沿海盐渍土区，主要分布在江苏北部和山东、河北、辽宁等省的沿海平原地区，主要是氯盐渍土。

半湿润、半干旱盐渍土亚区，主要分布在松辽平原以西的东北西部、内蒙古东部和黄河以北的黄土高原地区靠近河道平原的低洼以及灌区附近。盐渍化的主要原因是水中矿化度较高，地下水或地面水经过蒸发后，盐分沉积于土中而形成。

干旱、过干旱盐渍土亚区，较广泛地分布在我国西部的新疆、青海、宁夏、甘肃北部和内蒙古中西部，西藏北部的山前洪积扇、冲积扇、扇缘绿洲、灌区附近和湖盆洼地等。由于气候干旱，蒸发强烈，地形封闭，有利于盐分的积聚，这一亚区面积最大，盐渍化类型多种多样，盐渍化程度差异悬殊，是防治公路盐渍化危害的重点地区。

2. 盐渍土按形成过程分类

渍土按形成过程可分为现代积盐过程盐渍土（简称现代盐渍土）、残余积盐过程盐渍土（简称残余盐渍土）和碱化过程盐渍土（简称碱化盐渍土）三类。现代盐渍土最为普遍，对公路工程影响较大。

（1）现代盐渍土的形成类型。

① 海水浸渍形成的盐渍土，只分布于滨海地区，盐渍土的盐分主要来自海水，由海水浸渍或海岸退移而形成。盐渍土和地下水的盐分组成与海水一致，以氯盐为主，距海愈近地下水的矿化度愈高。盐渍土的含盐量沿海滨地区从南到北逐渐增加。

② 矿化地下水形成的盐渍土，广泛分布于内陆盆地，其积盐强度取决于地下水的矿化度与埋藏深度。同时也受气候的干旱程度与土的性质影响，盐渍土积盐层的厚度和含盐量随气候干旱程度和盐分积累时间的增加而增加，含盐成分与当地地下水矿化物基本一致。

③ 地表矿化径流形成的盐渍土，主要分布于内陆干旱半干旱冲洪积平原，冰雪融化或暴雨山洪冲刷、溶解沿途含盐地层的盐分，形成矿化的地表径流，下渗沉积后，再经强烈蒸发，盐分向地表聚积形成。含盐成分较杂，与地表水所溶解的盐分直接有关。

（2）残余盐渍土，是原有积盐过程因地下水大幅下降而停止，且由于气候干旱，降水稀少，使过去积累下来的盐分残留于土层中而形成。残余盐渍土只见于荒漠和半荒漠地区，主要分布在古冲洪平原、古河流阶地、山前洪积平原等地区。残余盐渍土与现代盐渍土不同，其特点是：地下水埋藏深、积盐重、厚度大，可能有多层高含盐层；盐分最大聚集层不一定在地表，而是随气候条件的不同和停止积盐时间的长短聚集在某一深层部位。

（3）碱化盐渍土的碱化过程是盐土受水的淋溶作用，产生脱盐和钠离子交换的碱性反应。碱化盐渍土盐分含碳酸钠和碳酸氢钠较多，土层厚度不大，一般在地表 1 m 深度范围内，通常具有明显的层次，表层为层状结构的淋溶层，下层为柱状结构的淀积层。

3. 盐渍土工程分类

岩土中易溶盐类主要有氯化物盐类（$NaCl$、$MgCl_2$、$CaCl_2$）、硫酸盐类（Na_2SO_4、$MgSO_4$）、碳酸盐类（Na_2CO_3、$NaHCO_3$）三种，其中以钠盐为主的 $NaCl$、$MgSO_4$ 公路工程危害性较大。

（1）盐渍土按其盐渍化程度和含盐性质对公路工程危害性分类。盐渍化程度分弱、中、强、过四类，见表 2.3；含盐性质分氯盐渍土、亚氯盐渍土、亚硫酸盐渍土、硫酸盐渍土四类，见表 2.4。

表 2.3　盐渍土工程分类

盐渍土类型	细粒土 土层的平均含盐量（以质量百分数计）		粗粒土 通过 1 mm 筛孔土的平均含盐量（以质量百分数计）	
	氯盐渍土及亚氯盐渍土	硫酸盐渍土及亚硫酸盐渍土	氯盐渍土及亚氯盐渍土	硫酸盐渍土及亚硫酸盐渍土
弱盐渍土	0.3～<1.0	0.3～<0.5	2.0～<5.0	0.5～<1.5
中盐渍土	1.0～<5.0	0.5～<2.0	5.0～<8.0	1.5～<3.0
强盐渍土	5.0～8.0	2.0～5.0	8.0～10.0	3.0～6.0
过盐渍土	>8.0	>5.0	>10.0	>6.0

表 2.4 盐渍土按含盐性质分类

盐渍土名称	离子含量比值	
	Cl^-/SO_4^{2-}	$CO_3^{2-}+HCO_3^-/Cl^-+SO_4^{2-}$
氯盐渍土	> 2	—
亚氯盐渍土	1～2	—
亚硫酸盐渍土	0.3～< 1.0	—
硫酸盐渍土	< 0.3	—
碳酸盐渍土	—	> 0.3

注：离子含量以 1 kg 土中离子的毫摩尔数计（mmol/kg）。

盐渍土分类方法较多，按盐渍土形成过程可分为现代积盐过程盐渍土、残余盐渍土和碱化过程盐渍土；按盐渍土的盐渍化程度可分为弱、中、强、过盐渍土；按含盐性质可分为氯盐渍土、亚氯盐渍土、亚硫酸盐渍土、硫酸盐渍土、碳酸盐渍土。

（2）盐渍土的工程分类以含盐性质，根据氯离子、硫酸根离子、碳酸根离子和碳酸氢根离子的含量比值进行划分。这种分类方法沿用时期已久，与实际有一定的符合性，但目前的分类体系仍然存在以下两个突出问题：① 粗颗粒盐渍土分类体系、试验制备粒径还需进一步完善；② 单纯考虑盐渍化程度分类方式与地基实际盐胀性对应性不强。试验研究和工程实践表明，决定盐渍土工程性质的主要因素有：盐渍土的粒度成分、含盐特征、含水率及温度状况等。目前此方面的研究还正在进行，本次分类仍沿用以往的盐渍土分类方法。

盐渍土中易溶盐对工程性质影响最大，土体中常见的易溶盐主要是氯盐和硫酸盐，碳酸盐因受气压、温度影响，极易分解、沉淀，只在地表水或地下水补给源头较短距离范围内常见，由于在盐渍土地区土体中含量甚微，因此盐渍土的工程处治方案主要针对氯盐和硫酸盐盐渍土。

2.2.2 盐渍土的基本性质

1. 各种盐渍土的性质

目前国内外对于各种盐渍土的性质研究较多，一般而言按照盐渍土含盐性质对其进行了研究，研究结果归结如表 2.5。

表 2.5　盐渍土中常见易溶盐的基本性质表

盐类名称	基本性质
氯盐类 （NaCl、KCl、CaCl$_2$、MgCl$_2$）	1. 溶解度大； 2. 有明显的吸湿性； 3. 从溶液中结晶时，一般体积不发生变化；但是 NaCl 在接近 0 °C 时能结合 2 个结晶水，使体积膨胀 130%； 4. 能使冰点显著降低
硫酸盐类 （Na$_2$SO$_4$、MgSO$_4$）	1. 没有吸湿性，但在结晶时能吸收一定数量的水分子； 2. 硫酸钠从溶液中沉淀重结晶时，结合 10 个水分子形成芒硝（Na$_2$SO$_4$·10H$_2$O），体积增大；在 32.4 °C 时芒硝放出水分，又形成无水芒硝，体积减小； 3. 硫酸镁结晶时结合 7 个水分子形成结晶水化合物（MgSO$_4$·7H$_2$O），体积也增大；在脱水时逐渐转变为无水分子的结晶水化合物，体积随之减小； 4. 硫酸钠在 32.4 °C 以下时，溶解度随温度的增加而增加，在 32.4 °C 时溶解度最大，在 32.4 °C 以上溶解度下降
碳酸盐类 （Na$_2$CO$_3$、NaHCO$_3$）	1. 水溶液有很大的碱性反应； 2. 能使黏土颗粒发生最大的分散； 3. 对土的崩解速度影响很大

从盐渍土的分类和各种盐渍土的性质可知，盐渍土的盐胀主要发生在硫酸盐盐渍土中，而硫酸盐盐渍土的盐胀以硫酸钠为主，这也是盐渍土地区公路产生盐胀的主要破坏原因。

2. 盐渍土工程特性

1）盐渍土的强度特性

盐渍土干燥状态下力学强度大，遇水后其强度下降极快，取总盐含量 2.007% 的亚氯盐渍土进行重型标准击实和回弹模量试验，回弹模量试验结果如表 2.6。

表 2.6 盐渍土强度与含水量试验结果

含水量/%	6.02	7.89	9.69	11.23
回弹模量/MPa	130.28	87.32	43.25	15.36

从表 2.6 可以看出：盐渍土含水量 6% 时其回弹模量为 130 MPa，11% 的含水量其回弹模量仅为 15 MPa，可以说明，盐渍土干燥状态下其强度较高而在遇水时其强度急剧下降，这就使得路基在车辆荷载的作用下易使路基和路面产生变形。尤其是吸湿性强的氯化盐类，严重时路面网裂甚至出现翻浆。

2）盐渍土的盐胀特性

通过调查过程发现在含有盐渍土（硫酸盐，特别是硫酸钠）的路段，均出现程度不同的胀起现象，程度轻的出现搓板、严重的胀起现象达到 20~25 cm，使得路面平整度严重降低，公路运行品质急剧下降。这主要是盐渍土路基的盐胀产生的病害特征。这种现象在以硫酸盐为主的盐渍土中较为常见。

路基土盐胀的形成，是由于土体内硫酸钠的迁移聚积、结晶体胀和土体膨胀三个过程的综合反映结果。其中土体硫酸钠的存在及迁移是造成路基盐胀的前提条件。在同类地表，由于新疆盐渍土地区的蒸发量大，盐分向地层表面处积聚明显，而路基因上部的路面结构层材料的覆盖，蒸发强度与路边地表相比较而大大减弱，这就是在路况调查过程中出现的路旁盐碱呈白色随处可见，而在有些含盐量少的路基边缘或路面很少出现盐碱现象的原因。另外盐分的迁移还受到地下毛细水上升的作用，如果路基土质毛细水上升高度小，地表的盐碱土很难上升到路基顶面或必须经过较长时间的逐步迁移才能达到路基顶面汇集，当大量的硫酸钠聚集在路基表面在合适的温度下（32.4 °C 以下）时就开始结晶，逐步形成结晶体（$Na_2SO_4 \cdot 10H_2O$）体积膨胀，当结晶体膨胀到一定限度，直至将土体中的空隙膨胀占满后，使得路基土受到结晶体膨胀力的作用，并不能克服其膨胀力时，土体就产生膨胀，随着膨胀量和膨胀力的进一步发展，直至路面结构不能克服时就产生路面的不平整现象。在这种盐分聚积和土体膨胀的多次反复作用下，路基和路面基层的土体胀松，而使路基和路面基层的干密度下降，强度降低，膨胀部分特别是不均匀膨胀使公路的运行品质急剧下降。

3）盐渍土的溶陷性

盐渍土中盐分随着降雨或流动水体将土体结晶的易溶盐晶体溶解，使土体固相体积减小，孔隙比增大，从而在自重、流水或外覆荷载作用下形成路基局部雨沟、洞穴、沉陷或坍塌等现象，使公路的运行品质也将大大受损，其主要症状为先路肩而后渐向路中发展，路肩先是凹凸不平，后路边发生纵向裂缝，并伴有高低不平的路面现象。

3. 盐渍土的击实特性

土的击实试验是衡量土的压实性的一项很重要指标，在公路工程建设的填方地基设计中都是必不可少的。此外，土的渗透、压缩、剪切等试验在一定程度上又是由击实试验来控制的。所以击实试验的成果对设计、施工以至于工程造价都会带来影响。土在外力作用下（碾压或夯实），孔隙度变小，密度增加，强度提高，压缩性及渗透性降低，使土的工程性质得到改善。而土的压实性就是指在一定的含水量条件下，以人工或机械的办法，使土能够达到某种密实程度的性能。土的压实强度与含水量、压实功能和压实方法有着密切的关系。当压实功能和压实方法不变时，则土的干密度随含水量的增加而增加；当干密度达到某一最大值后，含水量的继续增加反而使干密度减小。此时干密度的最大值称为最大干密度，其相应的含水量称为最优含水量。击实试验的目的，就是模拟工地压实条件，用标准击实的方法，测定在某种压实功能下土的含水量和干密度的关系，确定土的最佳含水量和相应的最大干密度，以求用最小的压实功能，得到符合工程要求的密实度。

1）影响压实因素

在室内对细粒土或多种路面材料进行击实试验时，影响土或路面材料达到规定密实度的主要因素有含水量、土或材料的粒度组成以及击实功。在施工现场碾压细粒土的路基时，影响路基达到规定压实度的主要因素有：土的含水量、碾压层厚度、压实机械的类型和功能、碾压遍数以及地基强度。

（1）含水量对压实过程的影响。

① 最佳含水量和最大干密度。

在压实过程中，材料的含水量对所能达到的密实度起着非常大的作用。捶击或碾压的功需要克服土颗粒间的内摩阻力，才能使土颗粒产生位移并互相靠近。土的内摩阻力和黏结力是随密实度而增加的。压实到一定程度以后，某一压实功不能再克服土的抗力，压实所得的干密度小。当土的含水量逐渐增加时，水在土颗粒间起着润滑作用，使土的内摩阻力减小，因此同样的压实功可以得到较大的干密度。在这个过程中，单位土体中空气的体积已减到最小限度，而水的体积却在不断地增加。由于水是不可压缩的，因此同样的压实功下，土的干密度反而逐渐减小。干密度和含水量的这种密切关系在图形上表现为单驼峰形的击实曲线。驼峰的顶点所对应的干密度即为最大干密度，与之相对应的含水量为最佳含水量。但是，某一种土或某一种路面材料的最佳含水量和最大干密度不是固定不变的，它随压实功能而变。在室内进行击实试验时，它随所用的击实试验功能而变。在工地碾压时它随所用压路机重量或功能以及碾压遍数而变。

对于硫酸盐渍土、氯盐渍土及碳酸盐渍土也采用同样的方法。

② 不同土的最佳含水量。

不同土的最佳含水量和最大干密度也是不相同的。通常，土中粉粒和黏粒含量愈多，土的塑性指数愈大，土的最佳含水量就愈大，同时其最大干密度愈小。因此，一般砂性土的最佳含水量是小于黏性土的，而前者的最大干密度则大于后者的。

2）击实试验的影响因素

（1）颗粒含量的影响。

在实验室，击实试验所用的土样，由于仪器尺寸的限制，需要过 5 mm 的筛，但是实际填筑中，往往包含大于 5 mm 的颗粒。这样，现场填筑中所得的干密度大，因此就产生了大于 5 mm 颗粒土试验结果的校正问题。如大颗粒土含量很多（如超过 40%），因不可能使细粒土完全填满其孔隙，其干密度反而减小。

（2）余土高度的影响。

标准击实试验所得的击实曲线是在某一击实功下或确切地说是在某

一平均单位（体积）击实功下，求得土的干密度与含水量的关系线。如果击实后没有余土（超高）刚好达到所规定的体积，试样所受的平均单位击实功是相等的。如果击实后超高不一样，那么，击实曲线各点反映的不是同一击实功，这不仅与击实理论相矛盾，而且试验数据分散，余土越高，干密度越偏小。余土不超过 5 mm 时，干密度才能控制在允许误差范围内。

（3）击实功的影响。

击实功是有锤重力、落高与击实次数三因子组成，综合三因子对击实曲线的影响，主要取决于组合的单位击实功，而且最大干密度与单位击实功之间有着良好的双曲线特性。在击实过程中，有一个经济合理的击实功。

此外，土层厚度，含水量的配制方法，土粒破碎有机质，黏土矿物及交换阳离子，温度等对击实试验都有影响。

大量不同类型路基土的击实试验都表明：当含水量小于最佳含水量时，干密度和压实度随击实次数增加而增加，相应的路基回弹模量 E_0 和承载比 CBR 也随之增长；在同一压实度情况下，强度随含水量的减少而明显增大。当含水量大于最佳含水量时，随击实次数的增多，干密度和压实度增加的趋势变得缓慢甚至不增加；而路基回弹模量 E_0 和承载比 CBR 值随密实度的增加反而有所下降，尤其在含水量较最佳含水量大很多时，密实度下降，强度变得很低，击实次数越多，土体发生剪切又甚，强度反而下降。这种情况与路基施工中，当含水量过大时，用重型压路机碾压，次数增加不仅不能压实，反而出现弹簧剪切是一致的。同时也表明，浸水试件在试件含水量接近最佳含水量时的强度最高，在最佳含水量时最大，强度稳定性最好。这些对路基压实施工有现实的指导意义。

（4）润滑剂的影响。

在击实试验中，当击实功及击实方法不变时，在击实筒及护筒内壁均匀地抹上一薄层凡士林，可减少土体与筒壁的摩擦力，即减少克服摩擦力所做的功 W_2。所以可认为在抹了凡士林和未抹凡士林两种情况下，土体间的摩擦阻力相同，克服土体间的摩擦阻力所要做的功 W_1 相等，因此，土体所受的实际击实功 $W = AC - W_1 - W_2$，当抹有凡士林时，W_2 值大大减少，从而使实际击实功 W 增大，同时干密度增大。

3)室内试验

(1)准备工作。

利用乌鲁木齐甘泉堡黄土,自然晒干后过筛,使粒经不大于 40 mm。测出已晒干土的含水量,然后就按比例含水量进行土样加水,拌和按土样之间差别 2%~3% 的含水量递减,拌好的料要闷 18~24 h。

本试验是在水里面每组分别加:0.8%、2%、3%、4% 的硫酸钠(Na_2SO_4)。

(2)试验步骤。

根据《公路土工试验规程》(JTG E40—2007)用重型击实试验方法及设备,试验时把闷好的料盛好,分成三次放入筒内每次 1 700 g,每次放入筒后进行锤击 98 次。

① 计算。

按下列计算击实后各试样的含水率

$$W = (m - m_d)/m_d$$

式中 W ——含水率(%);

m ——湿土质量(g);

m_d ——干土质量(g)。

按下列计算击实后各试样干密度

$$\rho_d = \rho/(1 + 0.01W)$$

式中 ρ_d ——干密度(g/cm^3);

ρ ——湿密度(g/cm^3);

W ——含水率(%)。

② 制图。

以含水率为横坐标,干密度为纵坐标,绘制干密度与含水率的关系曲线。曲线上峰值点的纵、横坐标分别代表土的最大干密度和最佳含水率。如果曲线不能给出峰值点那应该进行补点试验。

(3)试验结果分析。

在本次含硫酸钠盐渍土击实试验中,分别在水里面参 0.8%、2%、3%、4% 的(Na_2SO_4)试验结果如图 2.10~图 2.13 及表 2.7。

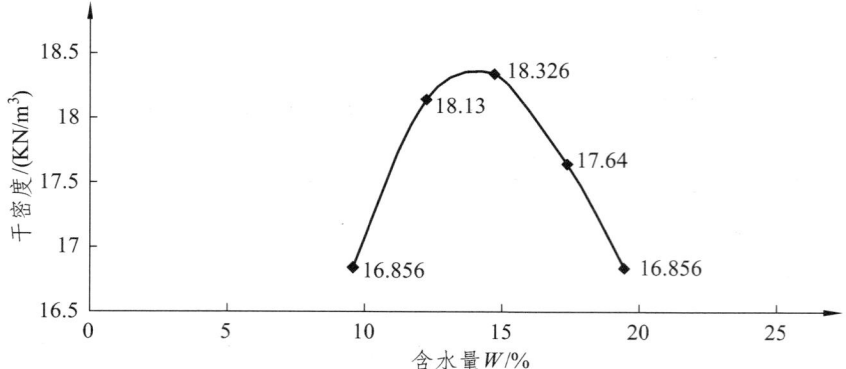

图 2.10　含盐（Na_2SO_4）0.8% 的干密度与含水量关系曲线

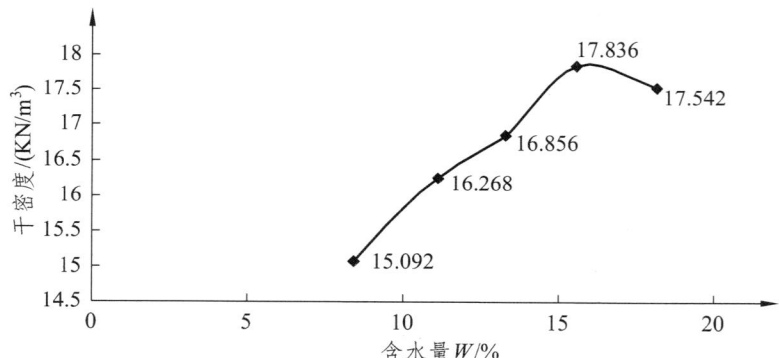

图 2.11　含盐（Na_2SO_4）2.0% 的干密度与含水量关系曲线

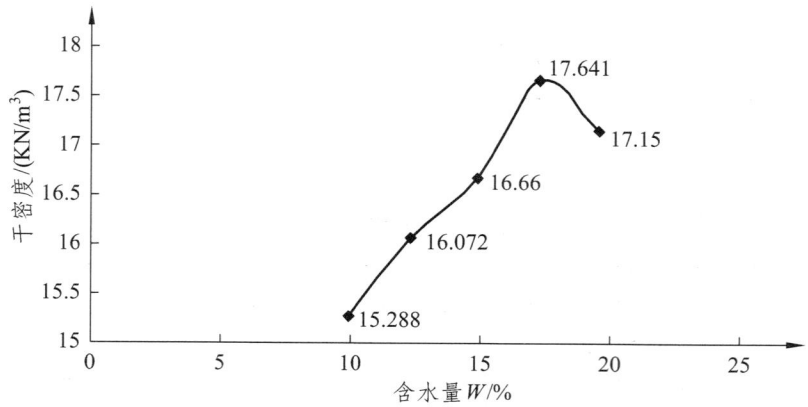

图 2.12　含盐（Na_2SO_4）3.0% 的干密度与含水量关系曲线

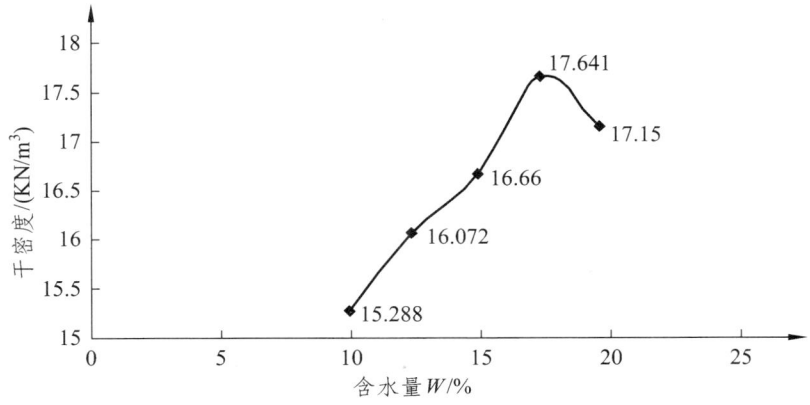

图 2.13 含盐（Na_2SO_4）4.0% 的干密度与含水量关系曲线

表 2.7 硫酸钠盐渍土击实试验结果

含盐量（NaCl）/%	最佳含水量/%	最大干密度/（KN/m^3）
0.8	15.1	18.326
2.0	15.5	17.836
3.0	16.1	18.131
4.0	17.2	17.641

土样的最大干密度及最佳含水量数据见表 2.7，可以看出硫酸钠随着含盐量的增加最佳含水量变化很明显，试验表明土样同样的含水量土里含硫酸钠越多最大干密度就越小，土样的最佳含水量随着含盐量的增加而增大。

从图表中可以看出，随着土的含盐率的增大，盐渍土的干密度呈减少的趋势，这是因为当硫酸盐渍土含盐量较小时，土中的水能充分溶解土中的盐，相对于非盐渍土而言，盐渍土中的固体颗粒减少，其干密度会降低。当硫酸盐渍土中的无水硫酸钠吸收 10 个水分子变成芒硝晶体时，体积会急剧增大，变成无水硫酸钠的 3.1 倍，体积的膨胀会使土体变得蓬松，导致密度减小。所以硫酸盐渍土具有明显的松胀性和膨胀性，在一定的击实能量下，击实效果较差，土体压实困难；当有晶体存在土中时，晶体本身会增加土体的连接强度，导致在压实过程中需要更多的击实功，在相同击实功情况下，不易压实。

回归出最大干密度随硫酸钠的含量的回归方程为

$$Y = 18.015 X^{-0.0148}$$

相关系数：$R^2 = 0.925\ 7$

式中　Y——最大干密度（KN/m^3）；

　　　X——含盐量（%）。

回归出最佳含水量随硫酸钠的含量的回归方程为：

$$W_o = 14.35 + 1.18X - 0.14X^2$$

式中　W_o——硫酸盐渍土的最佳含水量（%）；

　　　X——含盐量（%）。

综合以上分析，可以得出以下结论：

① 盐渍土最大干密度随着含硫酸盐量的增大而减小，盐渍土的最佳含水量随着含硫酸盐量的增加而增大。

② 盐渍土的黏聚力随粉黏粒含量的增加而增加，盐渍土的内摩擦角随着粉黏粒的增加而减小。

③ 盐渍土随着含硫酸盐量的增加，无荷载膨胀量也随之增加；当含硫酸盐量的增加到一定量之后，膨胀量随着含盐量增加而增加趋势增大；同时，随着压实度的增加，盐渍土的无荷载膨胀量也增大。

4. 公路盐胀影响因素

盐胀量大小的影响因素有：硫酸钠的含量、含水量、初始干实度、温度、氯化钠的含量、土的成分、上覆荷载等。

这些影响因素有单因素的，但多数是组合影响的。曾有研究将盐胀率与含水量、氯化钠含量、硫酸钠含量、初始干容重、上覆荷载建立了相关关系式。这项研究成果由于含水量及地下水份的运动，带动盐分的运动等，使得初始条件发生变化，直接指导生产还不能简单运用。但对于定性分析却十分有用，我们研究盐胀是为了防治病害，因此我们将影响因素加以分析，而后试图找到经济适用的减轻盐胀的工程方法和措施。

1）硫酸钠含量

工程未实施时为人为可变因素，可选择含盐量合适的料或采用洗盐加以消除。工程实施后可选择防止次生盐渍化的措施。一般认为：硫酸钠含量达到 0.5% 时，土体开始膨胀，则此值为起胀含盐量临界值。硫酸钠含量在 1%~4% 的盐土盐胀递增速度较快，硫酸钠含量越高最终的盐胀量越大。盐胀率 η（%）与硫酸钠含量 z（%），有指数关系：$\eta = a + b\ln z$。当然盐胀率除了与 Na_2SO_4 的含量还与别的影响因素有关。

起胀含盐量与土质和土的压实度有很大的关系。采用重型击实标准，压实度为 93% 的细粒土，起胀含盐量为 0.2%；采用轻型击实标准、压实度为 95% 的细粒土，起胀含盐量为 0.5%。粗粒土除与压实度有关外，还与其粒径分布有关。

容许含盐量还与路面形式和盐胀深度有很大的关系。对水泥混凝土路面，如胀深较大，容许含盐量为 0.6%；对沥青柔性路面，如胀深较小，容许含盐量可达 1.2%。

总之，当 Na_2SO_4 含量 < 1% 时，盐胀率小于 1%；当 Na_2SO_4 含量 > 2% 时，盐胀率随 Na_2SO_4 含量的增大而迅速增大；当 Na_2SO_4 含量超过了土中水所能溶解的数量时，含盐量再继续增加，盐胀率亦不再增加，除非有新的水源补给。由于垦区公路大多是在原先垦区田间道路上改建而成，对于田地基本上经过了改良处理，而对于道路未进行此项工作，导致路基含盐量普遍较大，在以后的公路改建中由于受到投资造价的限制，基本上也未对原路基进行很好的处理，致使路基含盐量普遍超标，因此在垦区公路中如前面所述硫酸盐盐渍占到了 77%，为垦区公路盐胀病害提供了条件依据。

2）含水量

起胀含水量与土质有关。起胀含水量应略大于土中不溶解盐的含水量，后者约为土中强结合水的 0.9~0.95 倍。一般而言，当含水量 < 6% 时，无论 Na_2SO_4 含量多少，盐胀率均小于 1%（此可为工程所用）；当含水量 > 6% 时，盐胀率随含水量的增加而迅速增大，但有一峰值，超过此值后，含水量继续增加盐胀率反而减少；盐胀率峰值出现在最佳含水量（重型击实标准）与塑限之间，含盐量少时接近前者，多时接近后者（图 2.14 中 p 为硫酸钠含量）。

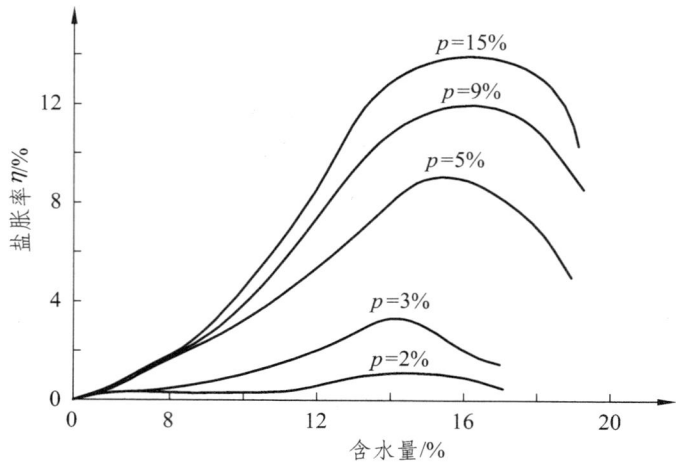

图 2.14 含水量对盐胀的影响

由于垦区部分道路与渠道伴行或林带灌水为路基提供了较充分的水源补给，而垦区道路受到投资的限制等级较低、路基高度一般较小，因此毛细水上升过程中将部分底部的盐分带到了路基顶部，从而增大了路基的盐分含量，为路基盐胀创造了条件。

3）初始干容重（压实度）

一般而言，随着初始干密度增大，盐胀率逐渐减小，但当超过了一定界限后，盐胀率又随初始干密度的增加而增大。但盐胀有累加性，目前施工均是按照交通部有关规范执行，压实度均要满足验评标准要求，故初始干容重对防治盐胀病害意义不大。

4）NaCl 量与 CL^-/SO_4^{2-}

NaCl 对盐胀的影响是复杂的、多方面的。该因素只能抑制部分盐胀而不能防止和消除盐胀，且 NaCl 容易随水迁移流失，故工程意义不太大。

由于 NaCl 对 Na_2SO_4 的盐析作用，能降低溶液中 Na_2SO_4 的浓度，从而可使盐胀率降低，且 Na_2SO_4 含量越高降低效果越显著。随着 NaCl 含量的增加，各种 Na_2SO_4 含量的盐土的盐胀率均趋于减小，但 NaCl 含量 >5% 以后效果不显著。

NaCl 还使含 Na_2SO_4 盐土的起胀温度降低，NaCl 含量越高降低越多，但 NaCl 含量 > 5% 以后效果不显著。

NaCl 缩小盐胀剧烈增长的温度区间。

Cl^-/SO_4^{2-} 对盐胀的影响也是比较复杂的（如图 2.15）。

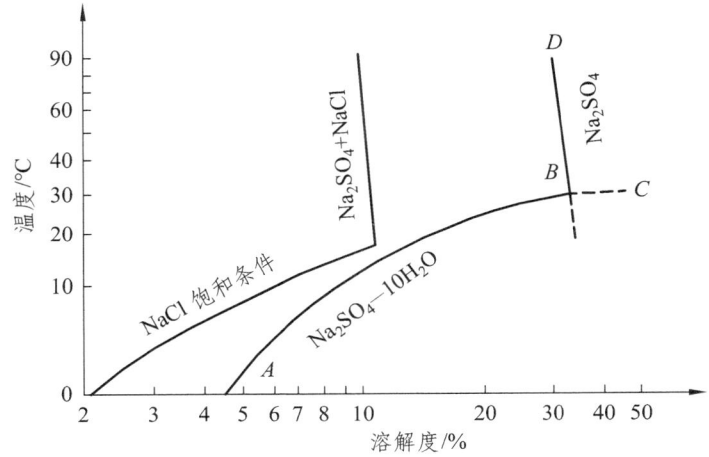

图 2.15　NaCl 对 Na_2SO_4 结晶转变点的影响

在 Cl^-/SO_4^{2-} 比值 ≤ 2 的情况，随着比值的增大，盐胀率明显降低；比值在 2-6 区间盐胀率无明显变化；比值 > 6 以后的盐胀率，随着比值的增大可能降低（Na_2SO_4 含量为 2%），也可能缓慢升高（Na_2SO_4 含量为 3%）。

根据 Cl^-/SO_4^{2-} 划分的亚氯盐渍土、氯盐渍土，在 Na_2SO_4 含量较大时，也会产生较高的盐胀率。

Cl^-/SO_4^{2-} 比值一定时，盐胀率随 Na_2SO_4 含量的增加而不断增大（如图 2.16）。

5）温度

起胀温度与 Na_2SO_4 含量有关，也与含水量和 NaCl 含量有关。室内试验多数在 25 ℃ 左右起胀，Na_2SO_4 含量大时起胀温度可提高，Na_2SO_4 含量小可降低，Na_2SO_4 含量小而含水量又大时则可降低更多。

盐胀剧烈增长的温度区间主要与孔隙溶液中 Na_2SO_4 浓度有关。浓度增大时，剧胀的温度区间扩大、起胀、温度升高；浓度减小时，则正好相反。

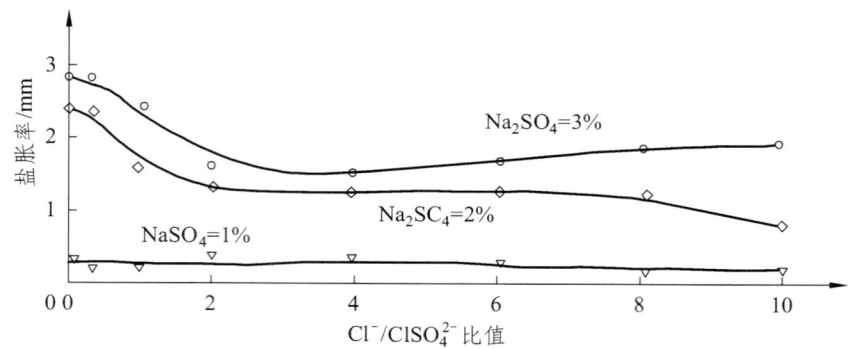

图 2.16　不同 Na_2SO_4 含量水平下不同 Cl^-/SO_4^{2-} 与盐胀量关系曲线

降温速率对盐胀有显著影响，类似于冻结速率对冻胀的影响。盐胀率与降温速率成幂函数关系，即盐胀率随降温速率的减少以幂函数增大。降温速率对盐胀率的影响还与土的密度和 Na_2SO_4 含量有关。在含盐量 ≤1% 时，降温速率变化对盐胀率几乎没有影响，只当含盐量 ≥2% 时，降温速率变化对盐胀率才有显著影响，而且随着含盐量的增大影响越来越大；采用轻型标准击实的土比采用重型标准击实的土对降温速度变化要更敏感。

在多次冻融循环作用下盐胀具有累加性。循环次数与累加盐胀率的关系近似二次抛物线。临近土体结构彻底破坏前累加的盐胀总量达到最大值，以后反倒有所减小。土体盐胀累加至最大所需冻融循环次数与外荷载有很大关系，外荷载越大所需次数越多，在无荷载或荷载很轻的情况下通常只需 6~7 次。显然，一般建筑物在确定容许含盐量时都应该考虑盐胀的累加性。

新疆温度差较大，春秋两季时间虽然持续较短，但温差相对于夏季更大，这样盐胀产生的频率增大，盐胀的累加程度大大提高，盐分向表面移动，虽这些移动幅度较小，累加性却不容忽视；夏季地面蒸发强烈，毛细作用强烈，盐分向地表迁移，此时土中的含盐量显著增加，这些普遍现象可以通过各盐渍土路段附近地表呈一片白色的盐渍化表观可知。漫长冬季温差一般在 15~20 ℃ 左右，但是持续的低温使得路基中水分在温度梯度的作用下逐渐向路基顶部移动，并在合适的温度以及含水量条件下产生盐胀和冻胀的结合病害；春融季节温度升高，土中含水量增加，盐分溶解下渗，表层含盐量相对减少，路基逐渐恢复原状。

6）上覆荷载

上覆荷载对盐胀如同冻胀一样具有较强的抑制作用，随着荷载的增加盐胀率急剧降低，二者的关系曲线可用指数函数表示（如图2.17）。当上覆荷载超过88 kPa时，盐胀率渐趋于零。

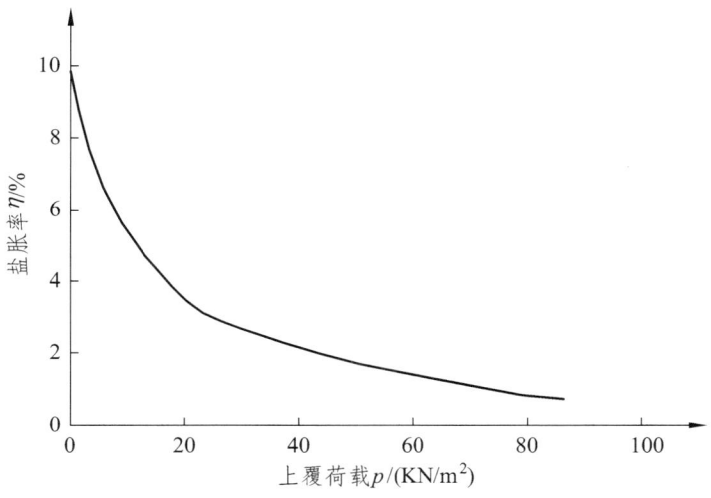

图2.17 上覆荷载与盐胀率的关系曲线

就实际工程一般而言，含盐量尤其是硫酸钠的含量对盐胀量影响量最大，其次是含水量，再次是密实度等因素，当然也不绝对，笔者曾就弱盐胀性土进行工程实践，路床成型降温前，留有相当的时间，使之含水量降至6%以下，结果未发生盐胀，这一结果可用于工程施工方案的选定。但是垦区公路的路面结构层厚度较薄，一般在38~48 cm，其对盐胀的抑制作用是有限的，但随着盐胀的累加，其上部荷载对盐胀的抑制作用就相对较小。

综上所述：就新疆公路而言外界温度是无法控制的，因此含盐量尤其是硫酸钠的含量对盐胀量影响量最大，其次是含水量，再次是密实度等因素，而氯盐含量对盐胀有一定的抑制作用，但是当其含量较大时，会引起路基翻浆、地基承载力下降等病害。路面结构和上覆荷载对于盐胀也有一定的抑制作用，但是要受到投资的限制，因此在进行新疆道路盐胀病害防治中应综合考虑，采取行之有效的防治措施。

2.3 盐渍土地区公路设计

近十年来，我国盐渍土地区公路建设技术得到了快速发展，在盐渍土地基评价、盐渍化软弱地基处理、盐渍土路堤修筑技术等方面，新技术得到了推广应用，取得了良好的效果。

2.3.1 盐渍土地区公路设计原则

盐渍土地区公路路基、路面设计与施工技术方案，应根据当地气候特征、工程地质、水文地质、筑路材料、施工条件、环境要求等因素，贯彻因地制宜、经济适用、节约用地、保护环境、技术先进、安全可靠的原则。

盐渍土地区路基设计应遵循下列原则：

（1）应调查收集沿线降水、蒸发、温度、地形地貌、工程地质、水文地质等资料，查明盐渍土的含盐类型、含盐程度及分布范围，评价盐渍土地基的承载力、盐胀性、溶陷性和表聚性。

（2）路基位置应选择在地势较高、地下水位较低、排水条件好、土中含盐量低、地下水矿化度低、盐渍土分布范围小的地段，并应以路堤通过。

（3）新建路基设计，应根据当地积盐条件、土质性状、地表水和地下水的现状，做好盐渍土地基处理、填料控制、路基结构、防排水措施的综合设计，保证路基强度与稳定符合要求。

（4）改建路基设计，应根据原有路基路面病害状况、路基填料的含盐类型及程度，以及水文地质条件，对原有路基进行处理利用和重建方案的技术经济比较，合理确定路基改建方案。

盐渍土地区公路在地表水、地下水、环境温度及动载变化的综合作用下，极易产生盐胀、翻胀及溶陷等病害，对公路建设、营运和养护维修带来极为不利的影响。在充分掌握盐渍土的基本工程性质，特别是其盐胀、溶陷和腐蚀三大特性的基础上，结合我国多年来在盐渍土地区公路工程建设中的实践经验，盐渍土地区应开展如下勘察及调查、评价工作：

（1）调查研究地形、地貌特征，划分地貌单元，分析各地貌单元中岩土的性质、成因和时代。

（2）调查盐渍土的分布范围、形成条件及其发展趋势，了解盐渍土的含盐类型、含盐程度及其平面和竖向上的分布状况。

（3）调查地下水的类型、水位、水质及其与地表水的关系。

（4）调查盐渍土的物理力学性质以及在平面上的分布规律。

（5）收集沿线降水、蒸发、温度、冻深等气象资料。

（6）调查已有道路的盐渍土病害情况。

盐渍土路基病害的产生是盐、水、温相互作用的结果，盐分是导致盐渍土具有盐胀、溶陷等病害的根源。路基病害防治需从改善路基和地基中盐、水、温等条件着手，降低路基含盐量，或者防治路基中盐分的侵入，限制路基填料的含盐量，尤其是路堤上层的含盐量对治理盐渍土病害尤为关键。因此，重点做好路基、地基的防盐、隔水、排水设计。

在盐渍土区域，地表水和地下水对公路的影响较一般区域更为严重。其对公路盐渍土病害的产生有以下两方面的影响：首先，在盐渍土地区地下水挟带的溶盐随水分的蒸发而聚留，加剧了地表和路基的盐分聚积，从而造成路基盐渍土病害的产生和加重；其次，地表水和地下水的侵蚀和上迁会增加路基的含水率，使公路路基长期居于潮湿和过湿状态，土体中水分的增大会使土粒间水膜增厚，降低土的结构力。对于硫酸盐渍土地段，含水率的增大也给 Na_2SO_4 在土体降温过程中形成芒硝（$Na_2SO_4 \cdot 10H_2O$）提供了含水结晶的水源。试验表明，在保持含盐量和其他因素不变的情况下，土体的含水率越大，相应的其盐胀率也增大；在氯盐地段含水率较大时，土体易产生溶解、溶蚀，使地基产生液化或溶蚀，降低地基强度或丧失地基承载力，使地基失稳破坏。因此地下水和地表水的作用会使道路中含水率增大，从而加重盐渍土病害。

盐渍土地区路基高度和地基处理的深度都与地下水位有着密切的关系，而地下水位随季节和环境是动态变化的，其深度确定的不准确有可能带来路基设置的不合理。新疆的某一条盐渍土地区道路，设计阶段调查的地下水位在 5 m 以下，而道路建成后地下水变化到 2 m 以内，导致路基出现病害。因此，关于盐渍土地区的地下水埋深最好能收集到区域的历史数据，在没有历史数据的情况下应充分考虑季节性变化、周围河流和地表水对其的影响。

路基隔水设计的目的主要是防止毛细水上升导致路基土盐渍化。而做好路基排水工程,则可以避免路基含水率的增大带来的盐渍土病害加重,减小水对路基强度和稳定性的危害。

既有公路改建处理后效果不佳的路段,均为既有路基利用段。利用的既有路基本由原地表高含盐土填筑碾压形成。从调查看,既有路基土以粉土为主要填筑材料构成,且为含盐量很高的粉土类土质。现场试验表明,部分路基土中硫酸盐含量远大于天然地基含盐量,呈强—过盐渍土。例如:新疆 S201 线利用的既有路基,1988 年施工完工投入运营,2006 年 4 月在 K262 附近取样分析,路基外天然地基土易溶盐总量含量为 1.2%,路基中则为 1.9%~2.4%,按平均值计算,盐分的积累增加了近一倍。S310 线 K78+400 附近采取土样分析,天然地基盐含量为 4.12%,路基中总盐含量为 7.08%。路基为就地含盐粉土填筑,经 20~30 年的聚盐作用,使土基中的盐分增加了 75%。可见,既有路基因覆盖效应和水分蒸发的长时间作用,积盐效应非常强烈,既有路基整体的含盐量一般很高。因此,盐渍土路基病害治理是盐渍土地区公路改建工程的难点,路基改建设计的重点是:① 既有路基病害的产生根源;② 既有路基的利用方案;③ 既有路基盐渍土病害的治理措施。设计时加强对既有路基的处理利用和重建方案的技术经济比较,合理确定路基改建方案,根治既有路基病害,避免盐渍化既有路基带来的改建公路病害。

2.3.2 盐渍土地区工程地质勘察与选线原则

盐渍土的地表特征:一般地表有石膏、龟裂土、蓬松土、盐霜、盐壳、盐盖等。盐霜之下松软、浮土较厚多为硫酸盐渍土,地面较密实结硬壳者多为氯盐渍土或碳酸盐渍土。

盐渍土生长有耐盐碱性指示植物。如盐角草生于沼泽盐渍土地带,地下水位接近地表,土层盐分较轻,硫酸盐多于氯化物,碳酸根含量较低;盐琐琐生于潮湿的盐土,地下水位在 1~2 m,土层盐分较重;盐穗木生长于重盐渍土,地表结皮;碱蓬生长于土层干燥、硬结、盐分较轻、碱分较大的地带;芦苇生于地下水位较浅的弱盐渍土地带;胡杨则生于地下水位较深的弱盐渍土地带。盐渍土的自然环境和生长的指示性植物,可供勘测者参考。

1. 工程地质勘察一般规定

（1）盐渍土地区工程地质勘察时，应认真进行调查、测绘，收集沿线有关自然条件和建筑物受盐渍化病害影响的程度与治理经验等资料，并采取挖探、钻探、原位测试等现场勘探方式与室内试验，查明沿线盐渍土的分布范围、含盐类型、盐渍化程度及地下水、地表水等情况；研究分析可能产生的病害如盐胀、溶陷、腐蚀、冻胀、翻浆等，提出相应的治理措施。

（2）对路用沙砾与取土料场，应同样做好调查勘探和室内试验分析，慎重决定取舍。盐渍土地区路基填料，一般应集中取土，路面沙砾材料更要集中开采。由于其用量大，运距对工程造价的影响很大，因此如何选择运距较短而质量符合设计要求的沙砾料场和取土料场是地质勘探的一项重要内容。要扩大横向调查范围，认真选点，做好勘探试验工作，选择经济合理的沙砾料场和取土场。

（3）盐渍土地区工程地质勘察工作应按《公路工程地质勘察规范》（JTG C20—2011）的有关要求进行。

2. 工程地质勘察要点

1）预可行性研究勘察

（1）调查公路沿线的地形、地貌、地质、水文、气象、植被等自然条件。

（2）调查拟建公路走廊地带盐渍土的种类、盐渍化程度和分布范围。

（3）调查盐渍土对公路可能产生的病害，提出治理初步意见。

（4）比选通过盐渍土地区的路线方案及初拟推荐方案。

遇有强盐渍土或过盐渍土地段，应列为勘察重点，调查盐渍土的范围、种类和对工程影响程度，提出路线通过盐渍土的走向方案或可能的绕避方案。

2）工程可行性研究勘察

（1）查明盐渍土成因、类型及盐渍化程度。

（2）在路线平面缩图上加注盐渍土的范围及盐渍化程度，填写不良地质地段表；对有代表性的盐渍土地段，应做挖探及化学分析试验，分清盐渍化程度不同的界限。

（3）评价各个路线方案的盐渍土对公路影响的程度，提出推荐路线方案与防治盐渍化病害的措施。

（4）调查沿线筑路材料分布、质量、储量，提出开采方法和运输方式，查明工程用水的水质、水源情况。

（5）提出对初步勘察设计工作的建议。

工程可行性研究勘察是在预可报告的基础上进一步调查研究路线通过地段盐渍土的类型、范围和地质、水文条件，评价盐渍土对公路工程可能产生的危害程度，拟定路线的走向方案，或绕避的工程比较方案。对有代表性的地段应做挖探性试验，试件不少于3个，并依据调查资料提出防治方案。

3）初步勘察

（1）地形、地貌与植被的调绘。

收集整理工程地质图与土质分布平面图，比例尺为 1:1 000～1:5 000；工程地质纵断面图，比例尺：水平为 1:2 000～1:10 000，垂直为 1:200～1:1 000。将调查的盐渍土分布的地貌单元、植被覆盖程度、指示性盐土植物种群分布情况，加绘于平面图上。

（2）气象水文及地质调查。

① 收集多年的降水、蒸发、气温及冻融时间、降雪厚度、冰冻深度等资料，调查区域内地下水补给、排渗的总趋势及一年内变化情况。

② 调查沿线地质构造特征以及地层结构、岩性变化情况。

③ 调查暴雨、洪水情况及影响范围。

（3）盐渍土及病害调查。

① 调绘盐渍土平面分布、盐渍化程度、类型与深度的关系。

② 调查盐渍土盐分聚积、溶陷、迁移与气候、水文、地形变化以及人为因素的关系。

③ 沿线各种建筑物由于盐胀、溶陷、腐蚀造成破坏的状况。

（4）勘探。

① 沿路线纵向设置勘探点，一般间距不超过1 000 m。在盐渍土地表特征有明显变化路段，应按 200～500 m 加设勘探点。对有代表性的勘探点，其横断面应设置不少于3个点。

② 勘探深度，一般盐渍土路段控制在地下水位以下以能取出水样为

度。当地下水埋藏较深时，探坑深度宜不小于 2 m。

③ 盐渍土取样，宜在干旱季节进行，自地表往下，按 0~0.05 m、0.05~0.25 m、0.25~0.5 m、0.5~0.75 m、0.75~1 m 逐层连续取样，按深度百分比（即按 5%、20%、25%、25%、25%）计算平均含盐量。

④ 遇含有深层盐渍土时，应视工程需要加深勘探深度，1 m 以下每隔 0.5 m 分层取样做试验。

⑤ 盐渍化软弱地层，应采用挖探、钎探、触探与钻探或其他测试方法，查明软弱土层范围、厚度、土质物理力学性质。

（5）试验。

① 除常规土工试验外，还应做均质地层与非均质地层的强烈毛细水上升高度、速度的试验。

② 一般勘探点的土样、水样，只做易溶性总盐分析。有代表性的勘探点做易溶盐全面的定性、定量分析。

4）详细勘察

（1）沿路线中线查明地层岩性类型、盐渍土含盐性质、盐渍化程度及其变化的段落，地下水位的埋深及其一年的变化规律和多年的变化趋势，毛细水上升情况及其变化规律。

（2）勘探。

在初勘的基础上进一步查明盐渍土含盐性质及盐渍化程度的界限桩号；有显著变化地段在其特征点 200~500 m 内加密勘探点，无变化可不再重做。

（3）试验。

按初勘试验要求对增加的勘探点进行试验。

（4）资料要求。

盐渍土工程地质说明可并入全线工程地质说明书内，其内容应包括初步勘察资料要求。

3. 选线原则

（1）盐渍土地区公路在选线之前，应根据自然地理位置、地形、地貌、工程地质环境等，认真做好调查研究工作，合理确定路线通过方案。对于有可能遭受洪水浸淹的低洼地区，以及经常处于潮湿或积水的强盐渍土、过盐渍土或盐沼地带，大范围的硫酸盐渍土地带，路线应尽可能绕避，不能绕避时，应考虑以最短的距离通过。

（2）在一般盐渍土地区或小面积岛状零星分布的盐渍土地带，路线应尽可能选择在地势较高、含盐量较小、地下水位较深、地表排水便利和通过距离较短、距渗水性土产地较近的地段。

（3）在盐渍土分布范围较大、含盐量较高，且地质条件较复杂的地区，应对路线方案和相应的工程措施进行深入细致的研究，在多方案论证、比选的基础上选定最优路线方案。

（4）对于改建工程，如原路线平纵指标能满足设计要求，应尽可能采取措施加以利用。

2.3.3 盐渍土地基评价

盐渍土地基的盐胀性评价，应以地基下 1.0 m 内土体的盐胀率 η 作为指标。当盐胀率的观测时间周期不足时，可采用硫酸钠含量代替盐胀率进行盐胀控制。各级公路路基盐胀率或硫酸钠含量应符合表 2.8 的规定。

表 2.8 盐渍土地基容许盐胀率

公路等级	路基高度 h/m	盐胀率 η/%	硫酸钠含量 Z/%
高速公路、一级公路	≤2	≤1	≤0.5
	>2	≤2	≤1.2
二级及二级以下公路	≤2	≤2	≤1.2
	>2	≤4	≤2.0

地下水位埋深小于 3.0 m 或存在经常性地表水侵扰的盐渍土路段，应按式（2.1）计算溶陷量，进行地基溶陷性评价。各级公路地基溶陷量应符合表 2.9 的规定。

$$\Delta S = \sum_{i}^{n} \delta_i h_i \qquad (2.1)$$

式中　ΔS ——溶陷量（cm）；

δ_i——地基中第 i 层土的溶陷系数（%）；
h_i——地基中第 i 层土厚度（cm）；
n——溶陷影响深度的计算土层数。

表 2.9　盐渍土地基溶陷性指标

公路等级	高速公路、一级公路	二级公路	三、四级公路
溶陷量 ΔS /mm	<70	<150	<400

公路盐渍土地基评价包括盐胀性评价和溶陷性评价。试验研究表明，盐胀率能较准确地反映公路盐胀破坏程度，盐胀率小于 1% 时，路面平整无裂纹，无盐胀破坏现象（非盐胀性）；盐胀率为 1%～3% 时，路面上可见少量的裂纹，有轻微盐胀产生（弱盐胀性）；盐胀率 3%～6% 时，路面有较明显的裂纹和盐胀现象（中盐胀性），因此，采用盐胀率作为盐胀性评价指标。

土中含有的硫酸钠是盐渍土出现盐胀的主要原因。硫酸钠随温度变化产生吸水结晶，体积膨胀，从无水硫酸钠变成含水硫酸钠 $Na_2SO_4 \cdot 10H_2O$，体积胀量增大约 3.1 倍。其他硫酸盐也存在吸水结晶体积膨胀效应，但体积胀量相对少得多，如硫酸镁 $MgSO_4 \cdot 7H_2O$ 胀量增大 1.56 倍。现场路基观测结果显示：土体内硫酸钠含量大于 0.5%，而且土体温度下降到 5 ℃ 以下即产生盐胀；路床内土体硫酸钠含量达到 1.2% 以上，路面就可观测到明显的盐胀量，硫酸钠含量越大胀量值也随之越大。硫酸钠含量与盐胀率的对应关系见表 2.10。当不具备盐胀率试验条件时，通过测试土中硫酸钠含量来评价盐胀性。

表 2.10　盐胀率与硫酸钠含量的关系

盐胀率 η /%	$\eta<1$	$1<\eta\leqslant 3$	$3<\eta\leqslant 6$	$\eta>6$
硫酸钠含量 Z /%	$Z\leqslant 0.5$	$0.5\leqslant Z\leqslant 1.5$	$1.5\leqslant Z\leqslant 3.5$	$Z\geqslant 3.5$

盐渍土溶陷包括溶陷变形和潜蚀变形。溶陷变形是指水力梯度较小无渗流时，土中部分或全部盐溶解，导致土体结构破坏而产生沉陷；潜蚀变形是指在渗流的作用下，带走土中的盐分和部分固体颗粒，产生潜蚀，导致土体空隙增大而产生的溶陷变形。盐渍土溶陷性评价时，采用

溶陷系数 δ 作为判别指标，我国《盐渍土地区建筑规范》（SY/T 0317—1997）中的标准是 $\delta<0.01$ 的盐渍土为非溶陷性盐渍土。评价盐渍土的溶陷性，首先通过溶陷系数 δ 判别是否为溶陷性土，再计算溶陷量 ΔS，并根据表 2.11 的等级进行溶陷量的分级。

表 2.11 溶陷等级划分表

溶陷等级	溶陷量 ΔS/cm	溶陷等级	溶陷量 ΔS/cm
非溶陷性	$\Delta S<7$	II	$15<\Delta S\leqslant 40$
I	$7<\Delta S\leqslant 15$	III	$\Delta S>40$

2.3.4 盐渍土地基处理设计

盐渍土地基处理设计应符合下列要求：

（1）地基盐胀率和溶陷量符合规定要求的盐渍土路段，应对盐渍土地基表层聚积的盐霜、盐壳、生长的耐盐碱植被等进行清表处理，并换填沙砾，清除深度宜为 0.30~0.50 m。

（2）盐胀率不符合规定的盐渍土路段，可采取加大清除深度、换填非盐胀性土、适当提高路基高度等处理措施。

（3）溶陷量不满足规定的盐渍土路段，可采取清表、冲击压实、浸水预溶、地基置换、强夯等处理措施，并做好路基排水设施设计。

（4）盐渍化软弱地基，可采取换填、水泥稳定碎石层、强夯置换、砾（碎）石桩等地基处理措施。地基处理后的工后沉降应符合规范要求。

盐渍土地基处理的主要目的是控制地基的含盐量，抑制地基的盐胀和溶陷对路基的影响。盐渍化软弱地基（图 2.18）是指淤泥、淤泥质土或其他高压缩性土的地基表层土中易溶盐的含量接近或超过规定值，既具有软土特征，也有盐渍土特征，含盐量对软土的物理力学性质影响较大，地基处理分为表层处理、浅层处理和深层处理。设计需根据地表盐渍化程度和软弱土层的厚度，因地制宜，采用不受易溶盐影响、耐腐蚀的地基处理方案。

图 2.18 新疆焉首盆地盐渍化软弱土地貌

1. 一般地段盐渍土表层处理

一般路段是指盐渍土路堤覆盖的基底具有一定的承载力（地基承载力大于 120 kPa），地表无积水的段落。一般路段地基处理的主要目的是为了清除地表高含盐土和腐殖质土，控制基底的含盐量。

调研资料表明，盐渍土地区在一般盐渍土段，针对新建公路以及改建公路的拓宽部分基本均采用了清除表土的地基处理措施。包括：G314 线小草湖—托克逊段、库米什—和硕段、阿克苏—二团段，G315 线若羌—且末段，G045 线奎屯—赛里木湖段等道路均在盐渍土地基的处理方案中采用了清除表土的措施。设计中清表主要针对地表上有强—过盐渍土表层、松散的含盐层、聚积于表层的盐壳和生长的耐盐碱植被段落。清表的深度依据含盐量的垂直分布和土质情况确定，清表深度在 30～50 cm 之间。清除后的基底进行压实后再回填沙砾料或砂。

2. 盐渍化软弱地基处理

新疆 G314 线和硕至库尔勒高速公路设计中，对焉首盆地重盐渍土区域的软弱土进行研究，对土层含水率 28.0%～40.1%，天然孔隙比 0.60～1.07，压缩系数 0.24～0.43 MPa^{-1}，地基承载力 50～110 kPa 的强、过氯盐或硫酸盐盐渍土等称为盐渍化软弱土。地基处理的主要目的是提高地基承载力，改善地基的盐胀性或融陷性。处理后，高速、一级公路地基承载力应达到 200 kPa 以上，二、三级公路不宜小于 150 kPa。

针对盐渍化软弱地基的特点，选择地基处理方案时，需考虑盐分对加固材料的腐蚀影响，一般采用换填、加铺土工格栅、水泥稳定碎石层、强夯置换、砾石桩等，不宜采用水泥等加固土桩。

1）换填法

换填法是指将基底下一定深度内的盐渍化软弱土层挖除，分层回填强度较高的水稳定性材料。其作用是提高地基承载力，消除地基的盐胀性。换填材料一般为非盐透水性好的中粗砂、卵石、砾石、风积沙。为进一步增强整体强度，可在换填土层内增设土工格栅等材料。此法属于浅层处理方法，深度一般在 3.0 m 以内，适用于持力下卧层不深或承载力略有不足的地段。

新疆地区盐渍化软弱地基换填处理情况如下：

（1）G314 线和硕—库尔勒段、6045 线奎屯—赛里木湖段、6315 线若羌—且末段的设计针对盐渍化软弱地基段进行了换填处理。

（2）6314 线和硕—库尔勒公路处理的段落位于开都河河流冲积相地层处，周围环境为农田灌溉区，沿线土质类型以低液限粉土为主。此段地下水位在 2 m，含水率 20% ~ 31%，孔隙比 0.68 ~ 0.80，土质呈硬塑状，表层承载力 90 kPa 左右，下层 110 ~ 170 kPa，软弱土层较薄并有一定承载力。按软弱土层厚度和地基承载力要求换填深度在 0.6 ~ 2.0 m 之间。

（3）G045 线奎屯—赛里木湖公路采用换填处理的段落为 K399 + 500 ~ K406 + 680 段，此段地下水一般埋藏深度在 2.0 ~ 3.0 m，土质类型以低液限粉土和粉土质砂为主。换填深度为 0.5 ~ 1.3 m。

（4）G315 线若羌—且末段公路在 K1751 + 650 ~ K1752 + 400，K1754 + 350 ~ K1759 + 700 两处进行了地基换填处理。此段公路地下水埋深在 0.3 ~ 2.5 m 之间。土质类型为低液限粉土，中-过氯盐和硫酸盐，设计的换填深度为 0.5 m。

（5）G218 线库尔勒尉犁段全线进行了地基换填，此段沿线土质类型为中-过硫酸盐和氯盐低液限粉土和砂性土，设计的换填深度为 0.6 m。在换填处理的同时，为加强地基的整体性，上述的部分段落还加设了土工格栅。其中 G314 线和硕—库尔勒段个别段落设置了两层格栅，而 G045

奎屯—赛里木湖段有近 1 km 设置了间距 0.3 m 的 3 层格栅。

从四条路处理段的使用情况看，运营状况良好，无不良病害表现。

2）水泥稳定碎石垫层

水泥稳定碎石层指将基底下一定深度内的盐渍化软弱土层翻挖，翻挖后掺拌水泥拌和，分层铺筑压实，最终形成半刚性硬壳层，以改善软土地基的受力状况，达到提高承载力的作用。

在室内水泥剂量按 6%、8%、10%、12%、14% 掺和试验的基础上，通过依托工程新疆 S201 线进行了半刚性水泥土板层的现场试验，板厚分别取 0.25 m、0.35 m、0.45 m 三种。盐渍化软弱地基经半刚性水泥土板层处置后，地基工后沉降很小，后期轻微的盐胀，也基本控制在 5 mm 以内，路基填筑后变形均匀。试验表明，当地基软土层大于 6.0 m 时半刚性板层处理效果就不明显。

因此，水泥稳定碎石垫层法适用于处理地基软土层小于 5.0 m，半刚性水泥土板层适用于盐渍化软弱土层厚小于 5.0 m、地表含盐量小于 3.5%、路堤高度在 2.0 m 以内的低路基，半刚性水泥板层厚度宜在 0.25～0.5 m 范围内，水泥剂量推荐 10%。

3）砾（碎）石桩法

砾（碎）石桩属于深层处理方法，可以提高地基承载力，减小地基沉降，加快排水固结，并能减小盐分的作用和上升高度。G315 线和硕—库尔勒段针对焉耆盆地湖相沉积地段盐渍化软弱地基采用了砾石桩处理的方案。处理段软弱地基主要指标接近滨湖软土值，天然含水率 28.5%～40.8%，孔隙比 0.64～1.07，压缩系数 0.24～0.43 MPa，盐渍化程度为弱-过盐渍土的氯盐、硫酸盐相互交替存在，地面 2 m 以下土层为饱和水状态，属于软塑硬塑状，地基承载力 70～120 MPa，地基强度低透水性差。全线共利用砾石桩作深层处理 23.4 km，约 165 万延米。设计的具体尺寸为砾石桩桩长 4～10 m，平面呈正三角形布置，桩间距 1.4～2 m，桩径 0.5 m，砾石最大粒径 80 mm，含泥量小于 5%，桩顶垫层 0.3 m，排水垫层厚 0.5 m，路基坡脚外多布设 2 排桩。

从后期现场调查看，此段道路经处理后在几年的运营中使用状况良好，解决了盐渍化软弱地基的影响，基本根治了盐渍土病害。

2.3.5 路基设计

1. 路基横断面

路基横断面形式应根据公路等级、技术标准、路线纵断面设计与当地土质盐渍化程度、地下水埋深、地表排水条件等情况，结合路基处理措施进行设计。

盐渍土地区的路基应采用路堤形式，当受条件限制采用路堑或零填路堤时，应根据沿线工程条件，对地基进行超挖并回填水稳性非盐材料、设置隔断层等处理。

盐渍土地区地势多低洼，地下水位埋藏较浅，水质矿化度高，易形成盐渍土路基病害，选择以路堤通过可避免或减轻病害的产生。当受地形限制，不得已采用路堑或零填路基时，必须对路床范围的盐渍土进行超挖换填水稳性良好的不含盐材料（如砂沙砾碟、碎石等），并设置隔断层等处理，切断盐分上升。

2. 路基高度

盐渍土路堤高度应根据盐渍土类型、公路等级，结合毛细水上升高度、冻胀深度、盐胀深度、安全高度及拟采用的隔断形式等综合确定。

（1）不设隔断层时，路堤最小高度不应低于表 2.12 规定。

表 2.12 不设隔断层时盐渍土地区路堤最小高度

土质类别	高出地面/m		高出地下水位或地表长期积水位/m	
	弱、中盐渍土	强、过盐渍土	弱、中盐渍土	强、过盐渍土
砾类土	0.4	0.6	1.0	1.1
砂类土	0.6	1.0	1.3	1.4
黏性土	1.0	1.3	1.8	2.0
粉性土	1.3	1.5	2.1	2.3

注：① 高速公路、一级公路应按表列数值乘以系数 1.5～2.0，二级公路应乘以系数 1.0～1.5。
② 氯盐渍土及亚氯盐渍土可取低值。

路基高度不仅是工程问题,它还牵涉社会、经济、周边自然环境等多种因素。确定路基高度时,应综合考虑社会、经济、自然环境和工程技术,并做好现有设施的衔接设计。从工程角度看,盐渍土地区的路基高度应考虑毛细水的上升高度、盐胀深度以及地下水深度或地表积水高度等方面。

盐渍土地区路基高度需考虑毛细水上升高度。毛细水的上升带来了水、盐迁移,可造成路基次生盐渍化。影响毛细水上升高度的最直接因素是土质的差异性。

参考室内试验和以往路祝观测资料,毛细水强烈上升高度可参考表 2.13。

表 2.13 毛细水强烈上升高度

土质类别	砾类土、砂类土	风积沙	粉质土	黏质土
毛细水强烈上升高度/m	0.4~1.1	0.7~0.9	3.0~4.0	2.0~3.0

盐胀深度是指含有硫酸盐的土基受降温作用产生盐胀的有限深度。试验表明,盐渍土的盐胀量存在敏感温度区间,此区间因不同土质、含盐量存在一定差异性,其中细粒土在 5 ℃减小到 -5 ℃时,盐胀量递增很快。新疆 S201 线关于土体温度的观测结果显示,随路基深度不同路基填料温度变化具有一定差异性,负温出现的区域不同。但存在共性的是各断面上部温度变化明显大于下部,温度在土体中竖向的传播幅度随深度按指数规律衰减。当路面下深度达 1.5 m 处时土体的平均最低地温在 5 ℃以上,这与以往的观测基本吻合(图 2.19 显示了其中一个观测点的结果)。因此,在路面 1.5 m 以下土体温度变化幅度较小,地温基本高于盐胀温度敏感区,说明降温盐胀最大的区间在路面顶部 1.5 m 左右。以往的观测结果也显示路面下 0~1.6 m 盐胀量占总盐胀量的 85% 以上。在盐渍土地区路基设计中应对路基盐胀深度进行一定的控制,保证一定的非盐胀安全区,因此引人设计控盐深度的概念。设计控盐深度直接与盐胀深度相关,依据不同等级公路安全需求、地基盐渍化程度的差异进行确定。

因此，确定盐渍土地区路堤高度时，需考虑毛细水的上升高度、盐胀深度以及地下水深度或地表积水高度等方面，避免路基工作区受地下水、地表水的影响，防止产生盐分聚集而导致路基盐胀和溶陷病害。根据工程经验和科研成果，表 2.12 列出了不设隔断层的路堤最小高度。

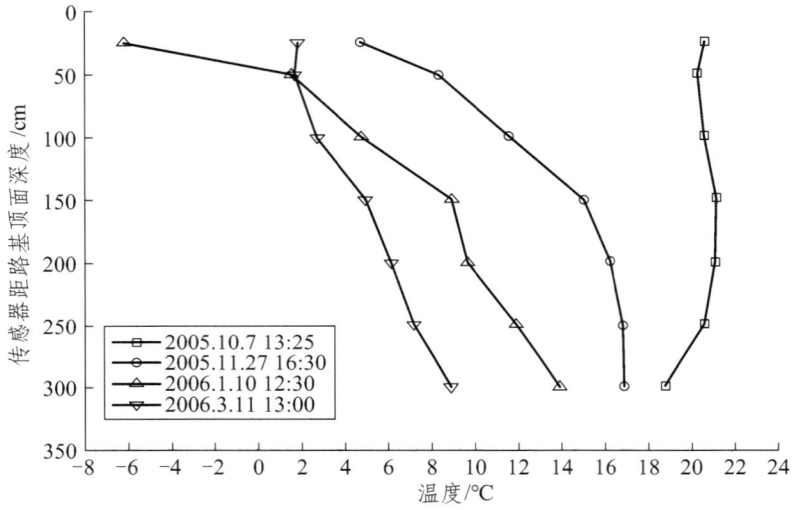

图 2.19　路基土体温度随深度变化曲线

（2）设置隔断层时，路堤最小高度应满足防冻层最小厚度及隔断层埋深的要求。

3. 路基填料

路基填料宜采用水、温稳定性好的材料，填料的选择应视不同公路等级、路堤填筑部位、填料土质类型以及当地气候特征、水文地质条件，按表 2.14 确定。

盐渍土用作路基填料，与路基的稳定有密切的关系，以往由于施工中对填土要求不严造成路基破坏的教训很多。由于填土的不同含盐量和含盐性质对路基稳定性的影响差异很大，不同的气候区和不同的水文地质条件下，盐渍土作为路基填料的可用性也不一样；同时路堤不同层位（路床、上路堤、下路堤）的填土对路基稳定性的影响有所不同；不同等级的公路对路基的稳定性、耐久性要求也应有所区别。

表 2.14 盐渍土用作路基填料的可用性

土类	盐类	盐渍化程度	高速、一级公路			二级公路			三、四级公路	
			路床	上路堤	下路堤	路床	上路堤	下路堤	路床	上路堤
细粒土	氯盐渍土	弱盐渍土	×	○	○	○	○	○	○	○
		中盐渍土	×	×	○	×	▲²	○	×	○
		强盐渍土	×	×	×	×	×	▲³	×	▲³
		过盐渍土	×	×	×	×	×	▲³	×	×
	硫酸盐渍土	弱盐渍土	×	×	○	×	○	○	▲²	○
		中盐渍土	×	×	×	×	×	○	×	▲²
		强盐渍土	×	×	×	×	×	×	×	×
		过盐渍土	×	×	×	×	×	×	×	×
粗粒土	氯盐渍土	弱盐渍土	▲¹	○	○	○	○	○	○	○
		中盐渍土	×	▲¹▲²	○	▲¹	○	○	×	○
		强盐渍土	×	×	○	×	▲³	○	×	○
		过盐渍土	×	×	×	×	×	▲³	×	▲³
	硫酸盐渍土	弱盐渍土	▲¹▲²	○	○	▲¹	○	○	○	○
		中盐渍土	×	×	○	×	○	○	▲¹	○
		强盐渍土	×	×	×	×	▲¹	○	×	▲³
		过盐渍土	×	×	×	×	×	×	×	×

注：表中 ○——可用；

×——不可用；

▲¹——除细粒土质砂（砾）以外的粗粒土可用；

▲²——地表无长期集水、地下水位在 3 m 以下的路段可用；

▲³——过干旱地区经论证可用。

因此，盐渍土用作路基填料的可用性，按氯盐及亚氯盐渍土、硫酸盐及亚硫酸盐渍土不同含盐性质以及不同公路等级、不同层位、不同土质类型分别进行控制。设计时需对以下情况的填料含盐量进行从严控制：① 高等级公路路床范围的填土；② 硫酸盐和亚硫酸盐渍土；③ 隔断层以上粉质土、黏质土填料；④ 受毛细水或地下水影响。

当既有路基填料换填受到限制时，可在原填料中掺入加固剂处治。

加固剂的类型、成分和掺入剂量可根据填料土质通过试验确定。加固剂的种类很多，其不同的物理性质和化学组成成分决定了不同的类别、特点和固化方法，使用时，可根据路用土质与加固剂的成分、类型通过试验选用效果最佳的。化学处理硫酸盐渍土，可使土中易溶盐成分和性质发生变化，减轻盐胀，常用的化学掺加剂有 $CaCl_2$、$BaCl_2$。为了使化学处理过的盐渍土不受下层水分和盐分的影响，其底部应设置隔离层。

4. 路基边坡

应根据公路等级、盐渍化程度、地下水位埋深、地表排水条件、筑路材料等，因地制宜，选用隔断层路堤、沙砾路堤、风积砂路堤等结构形式。盐渍土路堤边坡坡率，应根据填筑材料的土质和盐渍化程度，按表 2.15 确定。

表 2.15 盐渍土地区路堤边坡坡率

土质类别	填料盐渍化程度	
	弱、中盐渍土	强盐渍土
砾类土	1：1.5	1：1.5
砂类土	1：1.5	1：1.5~1：1.75
粉质土	1：1.5~1：1.75	1：1.75~1：2
粘质土	1：1.5~1：1.75	1：1.75~1：2

盐渍土路基边坡坡度，应根据土的类别和盐渍化程度确定。受水淹的路堤边坡宜采用 1：2~1：3。

5. 路基处理

地下水埋深较浅、毛细水上升较高或易受地表水影响的路段，应在路基内部设置隔断层，降低路基高度，防止路基产生次生盐渍化。隔断层设计应符合下列要求：

（1）隔断层的设置层位应高出地表或地表长期积水位 0.2 m 以上，并满足最大冻深的要求。新建高速公路、一级公路路基隔断层宜设置在路床之下。

（2）隔断层的路拱横坡不应小于2%，最大横坡不应超过5%。

（3）隔断层材料应遵循因地制宜、就地取材的原则选用。高速公路、一级公路宜采用透水性好的砾（碎）石做隔断层，厚度宜为 0.3～0.5 m，最大粒径应小于 50 mm，粉黏粒含量应小于5%。二级及以下公路可选用复合土工布做隔断层。

为抑制盐渍土地区路基病害时，路基必须要有一定的路基高度。但单纯采用提高路基的方法来保证路基的稳定性，将会造成路基高度较高，占地多、土方大。在路基中设置隔断层，可阻断毛细水上升带来的路基盐渍化，能有效降低路基高度，防治盐渍土路基病害。因此，设置隔断层是盐渍土地区降低路基高度的有效措施。

路线通过中强盐渍土，特别是硫酸盐渍土地段，受地面水或地下毛细水影响的路基，高程受限制的挖方路堑或被利用的既有路基含盐量超限路段，路基处理时宜考虑以隔断层配合其他措施综合治理。

隔断层按其材料的透水性可分为透水与不透水隔断层。透水隔断层材料为砾（碎）石、沙砾、砂，不透水隔断层材料为土工合成材料（土工膜、复合土工膜、防排水板等）、沥青砂。土工膜隔断层虽然具有较好的隔水、隔盐、施工简便的特点，但不利于路基中水气逸散，膜下易形成水分和盐分聚积，易使膜下土层软化，造成路基新的不均匀变形。为防止膜下水分和盐分聚积，土工合成材料隔断层需选用复合土工膜（两布一膜）、复合防排水板等。隔断层所用材料应按照因地制宜、就地取材的原则，经过技术经济论证后选用。

隔断层位置设置不当，往往达不到预定的目标或不经济。为保证路床填土质量及稳定性，新建高速公路及一级公路，隔断层一般设置在路面顶以下 0.8～1.6 m 处，要求与路面层底之间距离应大于当地最大冻土深度，并高出边沟流水位。

1）土工布隔断层

土工布隔断是盐渍土路基隔断处理中最常用的方式。复合土工布隔断层，具有较好的隔水、隔盐和耐久性，施工简便，特别是可大幅度降低路基高度，在盐渍土地区双车道公路的建设中广泛采用，并取得较好的效果。

调研资料表明，盐渍土路基的土工布隔断深度依据气候条件、水文条件、盐渍化程度有一定差异性。隔断深度在 0.8~1.2 m 范围内，隔断层上填筑非盐的透水性材料，土类分为砾石土和风积沙。

2）砾石隔断层

新疆砾石隔断层主要应用于盐渍土地区高速公路、一级公路。采用透水性的砾（碎）石作隔断层，厚度宜为 0.3~0.5 m，选用的砾石级配最大粒径小于 50 mm，粉黏粒含量小于 5%。砾石隔断层顶部加铺透水土工布作为反滤层。隔断层设置深度为 1.4~1.6 m，距离路面顶部满足冻深要求。

新疆主要应用工程：G045 线奎屯—赛里木湖一级公路、G045 线乌鲁木齐—奎屯高速公路、G314 线和硕—库尔勒一级公路、G314 线小草湖—托克逊一级公路等。运营后，使用状况良好。

3）风积沙隔断层

采用风积沙或河沙作填料或隔断时，须考虑其无黏聚性的特点，选择土或沙砾等材料包边。如果不包边，边坡应放缓至 1∶2~1∶3，保持边坡稳定。

6. 路基排水

盐渍土路基排水设计应采取防、排、疏相结合的综合措施，设置完善的排水系统，处理好与公路盐渍土病害防治、路面排水和桥涵排水设施的衔接配合，并与农田排灌系统相协调。

（1）地表水丰富、水文地质条件较差的路段，路基两侧宜设置护坡道。护坡道宽度不宜小于 2 m，横坡不应小于路肩横坡。

（2）地下水位较高或公路旁有农田排、灌水渠的路段，可在路基一侧或两侧设排（截）水沟，以降低地下水位或截阻农田排灌水，排（截）水沟距路基坡脚不应小于 2 m。有条件时可设置排碱渠，排碱沟渠与路堤坡脚之间的距离不应小于 5 m，沟深应低于地表以下不小于 1.0 m。

（3）地表排水困难的路段，在占地容许的情况下可设置蒸发池，蒸发池边缘与路基坡脚之间距离宜大于 10 m。

盐渍土地区路基排水主要考虑排除地表积水和降低、拦截地下水。做好路基排水设计非常重要，必须根据沿线地质、水文情况，设置必要的地面排水、地下排水设施，配合自然河流、农田灌溉渠，形成良好的排水系统。设置排水沟、截水沟、边沟、蒸发池等，将地表水疏引、排除至路基范围以外。地下水应采取隔断、疏干、降低等措施，以达到地下水不影响路基的稳定。

盐渍土严重的区域一般地势低平，地表及地下水排泄不畅、流速缓滞，易汇集在路基坡脚影响路基。盐渍土地区的公路排水主要采用深挖边沟（排水沟）、排碱渠、蒸发池、设置排水垫层等措施。结合盐渍土处理方案为减少地表水影响和增加路基的稳定性，采取反压护坡道的形式也较为常见。

7. 改建设计

应详细调查原有公路的使用状况，划分沿线盐渍土路段及其病害程度。对原有路基土质的含水量、密实度、含盐性质、含盐量及其路侧地表排水、地下水变化等情况，应按《盐渍土地区公路设计与施工指南》的勘察要求调查试验，分析病害成因并对原有公路做出评价。

改建工程中，对原有公路的利用或舍弃，应视公路等级、原路状况、占地、环保等进行技术经济方案比选、论证后确定。一般原则：修建高速公路、一级公路宜另辟新线，必须占用原有公路的路段，一般只利用其线位；改建为二级公路或三、四级公路，应尽量利用原有公路的线位和路基路面及桥涵等可用资源，采取合理措施提高其强度和稳定性。

改建工程中利用原有公路的路段，应尽可能避免挖除原有路面。当改建设计的路基标高受到限制时，或原有路面下土基中硫酸钠含量超过1.2%以上，或路基含水量高、密实度严重不足的路段，应对原有路面采取必要的挖除或翻修处理，以保证改建设计质量。一般路段不应挖除老路，宜尽量利用原有路面作为新建路面的垫层或隔断层的一部分。

改建拓宽路段，路基加宽应充分考虑原有公路的线形、路基高度、桥涵及防护构造物状况，分段采用一侧或两侧加宽措施。加宽处新老路基应很好衔接，防止产生不均匀沉陷。开挖台阶后按表 2.14 填土要求分层填筑。

8. 干涸盐湖地段路基设计

（1）干涸盐湖地段路基设计应查明盐湖形成条件、干涸过程、含盐特征、岩盐种类、物理化学和工程性质、地下卤水位等情况。

（2）干涸盐湖地段填筑路堤，可利用岩盐作为填料。三、四级公路，可采用低路堤，路堤高度不宜小于 0.3 m，路基宽度宜在标准断面的基础上每侧加宽 0.2 m，路堤边坡坡率宜采用 1∶1.75~1∶3。

（3）当盐湖地表下有饱和盐水时，宜采用设有排水沟及护坡道的路基横断面。护坡道宽度应大于 2 m。

（4）有溶洞、溶塘、溶沟等不良地段，应换填沙砾、风积沙、片卵石或盐盖等材料。

2.3.6　路面设计

盐渍土地区路面设计，必须满足防止盐胀的要求。应根据不同等级公路的使用功能及气候、水文、地质、材料等条件，结合当地实践经验，进行路基路面综合设计。高速公路、一级公路的路面设计，应彻底消除由盐渍土而引起的道路危害，达到平整、坚实、抗滑、耐磨、稳定、耐久，满足高速行驶、安全可靠、快捷舒适的服务要求。二、三、四级公路以达到基本消除盐渍土病害，延长路面使用与养护周期为目的。

路基必须处于干燥或中湿状态，满足规定的强度和稳定性。路基的干湿状态按行业标准《公路沥青路面设计规范》（JTG D50—2017）中有关规定确定。路面材料选取，应考虑材料中盐类和盐渍化程度，不致对路面结构产生不利影响。

盐渍土地区路面设计，应重视结构层基层材料的选取，常用的基层材料一般有水泥稳定沙砾、石灰稳定土、石灰工业废渣稳定土、级配碎石、级配砾石或天然级配沙砾等。基层材料（集料）的盐分应严格控制，因为稳定土或级配材料含盐过多对路面基层有不良影响，用石灰、水泥做稳定土时，土中氯盐（NaCl）含量不宜超过 3%，硫酸盐（Na_2SO_4）含量不应超过 0.25%，碳酸盐（Na_2CO_3）含量不宜超过 0.5%。

1. 土基回弹模量

盐渍土地段一般都做特殊路基设计，处理后的路床要求达到干燥和中湿状态，保持路基应有的强度和稳定性。因此，土基回弹模量（E_0）值都有可能得到提高。行业标准《公路沥青路面设计规范》（JTG D50—

2017)规定高速公路、一级公路 E_0 值应大于 35 MPa,其他公路 E_0 值大于 30 MPa。要求国道、省道干线公路满足上述规定,有利于确保路基路面质量。但对县乡道路,如因投资少,没有能力对路基进行处理时,E_0 值不一定强求达到 30 MPa 以上,可根据路基填土选取,进行路面设计。

盐渍土地区的土基回弹模量 E_0 值应通过现场实测法、室内试验法,结合查表法或关系换算法确定。不具备实测或试验条件时,在干旱与过干旱区,表 2.16 可供参照选用。

表 2.16 盐渍土地区 E_0 参考值/MPa

土质类别	< 0.074 mm 细粒含量/%	路基干湿状态		
		干燥	中湿	潮湿
砾(砂)	< 5	85 ~ 150	65 ~ 115	55 ~ 80
细粒土砾(砂)	5 ~ 15	70 ~ 130	60 ~ 95	45 ~ 75
粉土质砾(砂)	15 ~ 50	55 ~ 105	50 ~ 85	40 ~ 70
黏土质砾(砂)	15 ~ 50	55 ~ 105	50 ~ 85	40 ~ 70
粉质土	> 50	40 ~ 45	30 ~ 40	25 ~ 30
黏质土	> 50	35 ~ 40	30 ~ 35	27 ~ 30
风积沙	< 10	90 ~ 120	70 ~ 90	60 ~ 70

2. 路面结构设计

路面结构可由面层、基层、底基层、垫层组成,结构层类型与厚度设计,遵循现行《公路沥青路面设计规范》或《公路水泥混凝土路面设计规范》进行。

半刚性基层具有板体性良好和承载能力较大的特点,对抑制盐胀变形,保持路面平整有良好作用。盐渍土地区二级及二级以上公路应优先选用半刚性基层的路面结构方案。半刚性基层厚度不应小于 20 cm;在土基回弹模量或原有路面弯沉值差异较大的路段,厚度宜采用 25 ~ 30 cm;高速公路、一级公路宜采用路基全宽式半刚性基层,厚度可 30 ~ 45 cm。

水泥稳定沙砾或级配砾石层的集料中,易溶盐中的钠盐对公路工程危害性较大,可产生路基路面盐胀、溶陷变形和结构物的腐蚀作用,因而规范对钠盐的容许含量提出较严要求。易溶盐允许含量应按表 2.17 规定控制。水泥稳定沙砾基层的水泥剂量及其抗压模量值宜通过试验确定，但水泥剂量不应大于 6%。

表 2.17　路面基层集料易溶盐容许含量

易溶盐名称	NaCl	Na_2SO_4	Na_2CO_3
容许含量（以质量%计）	< 3.0	< 0.25	< 0.5

盐渍土地区由于水文、地质条件较差，地基比较软弱，自 20 世纪 80 年代起，干线公路上路面基层普遍选用水泥稳定沙砾或石灰、水泥稳定土，取得较好的效果。半刚性基层对抑制盐胀变形保持路面平整有良好的作用，因此干线公路在目前尚无新的更有效的基层结构情况下，应优先选用水泥稳定沙砾基层。在县乡、团场三、四级公路，如砂石材料奇缺，也可选用石灰土或其他加固土材料作基层。

盐渍土地区路面结构应考虑防止水的危害。在潮湿地带低填路堤或挖方路段，宜设置沙砾垫层或隔断层，以隔断毛细水进入底基层。对高速公路、一级公路路面基层表面应设置沥青下封层，其他公路必须喷洒透层沥青。

盐渍土地区路面结构除满足强度要求外，还应考虑防水抗盐。面层宜用沥青混凝土或沥青表处结构，并尽量满铺，以防雨雪水下渗；基层应以半刚性结构为主，以增强路面的刚度，减少盐胀危害；垫层应以当地材料为主，可用沙砾或风积沙。风积沙有很好压密性、隔水性和较高的承载能力，有条件的应尽量应用风积沙以提高路基整体强度，减薄基层或底基层厚度，减少远运材料。

3. 路面排水与路肩加固

1) 路面排水

一二级及二级以下公路，水由路面横坡经边坡或边沟排除；高速公路、一级公路，一般路堤可采用横向分散排放方式，高填路堤或路堤下部用盐渍土填筑的路段，应采用设置拦水带、急流槽集中排放方式。拦水带与急流槽设置按有关规定设计。

对于高速公路、一级公路的中央分隔带，为保证路面水不致渗入路基内，在西北盐渍土路段一般用现浇或预制水泥混凝土板或沥青表处封闭，使水沿两侧横坡排至路基外，超高段中央分隔带用混凝土板封闭后，有的加设开口明槽或浅碟式、三角排水沟、雨水井和地下横向排管设施，将水排出路基。西北地区干旱少雨，一般路段绿化条件差，如公路通过绿洲或穿越城镇区路段需设绿化带时，则应设地下排水系统，并在行车道左侧隔断层以上用土工膜作封隔措施。

2）路肩加固

高速公路、一级公路的路缘带硬路肩其结构层厚度宜与行车道部分相同。一般公路用细粒土填筑的路基，其路肩应硬化。二级公路的路面底基层、垫层应铺至路基同宽，路肩采用沥青表处封闭，或水泥混凝土硬化。三、四级公路路面底基层、垫层宜铺至路基同宽，路肩可采用沥青表处或砾石土硬化。

盐渍土地区公路路肩部分应予加固，为简化施工工序，高速公路、一级公路路肩部分宜与行车道结构相同；雨量大或降雨集中的地区，宜在路缘、路基边坡处加设拦水带、急流槽。二、三级公路的路肩也应封闭。单车道四级公路的路肩可用砾石土硬化。

2.4 盐渍土地区公路施工

2.4.1 原地面处理和填料要求

1. 原地面处理

盐渍土路段施工前对原地曲和基底按下列规定办理：

（1）应做好原地面临时排水设施，清除地表盐壳和不符合设计要求的表土，并碾压密实，如图 2.20。

（2）过湿或积水洼地以及软弱地基，应按设计要求做好排水、清淤换填工作。

（3）旧路改建拓宽时，应清除拓宽范围的地表杂草、浮土，按设计要求做好填前压实和旧路边坡开挖台阶工作，确保新旧路基良好衔接。

图 2.20 路基清表

（4）盐渍土地区路堤施工前，应复测其基底（包括护坡道）表土的含盐量和含水量及地下水位，根据测得结果按设计要求处理。

① 清除路堤基底与取土范围内表层不符合设计要求的土。

② 在积水路段，如不需挖除换填，应排除积水，翻晒地表土，其厚度应不小于 50 cm。对排水困难的低凹地、软土、泥沼、地下水位接近地表地段，应按特殊路基设计要求进行基底处理后再填筑路堤。

③ 原基底土层厚度 1 m 以内的含水量如超过液限时，必须全部换填渗水性好的土；如含水量介于液限和塑限之间时，应铺 10~30 cm 的渗水性好的土后再填符合规定的土；如含水量在塑限以下时，可直接填筑符合规定的土。

④ 当清除软弱土体达到地下水位以下时，则应换填渗水性强的粗粒土，并应高出地下水位 30 cm 以上，再填符合规定的土。

（5）沿线借土场和取土坑的填料，应进行复查和取样试验。路侧取土坑应按设计要求做好排水，并符合环保要求。

换填法一般应用在路基含盐量超过规定的要求、路床过湿压实度达不到压实要求或路基标高受限制的低填浅挖地段采用，换填一般采用就近沙砾或风积砂，换填厚度应根据地质勘探资料以及填料的试验结果确定。必须确保所换填的土质为非盐渍土且有足够的强度。一般地，换填土宜选用砾石土或风积砂。从路基换填及铲除的盐渍土不得堆于路基两侧坡脚,应集中拉运到距离线路不得小于 30 m 以外,以免发生次生盐渍化。

2. 填料要求

1）取土料场要求

当取土料场的土料含水量过高时,应结合地形及实际情况开挖临时排水沟,排除及拦截地表水,降低地下水位;或采用挖槽、翻摊晾晒的办法改变含水量,如图 2.21。挖出的土块必须破碎晾晒之后方能填筑路基。土体内的草根、杂物等应严格清除干净,不得填入路基。排水困难地段的取土料场,应做临时拦水坝,将水流阻断在取土料场以外。料场地表不符合设计要求的土,必须清除干净之后才能开挖作为路基填料。

图 2.21 路基填料闷料

2）填料要求

在盐渍土地区施工时,路堤填料应符合下列要求：

（1）路堤填料应按表 2.14 的规定选取,不得夹有草根和盐块及其他杂物,有机质含量不能大于 1%。

（2）路堤填料的含水量应控制在最佳含水量附近,液限大于 5%、塑性指数大于 26 的土,以及含水量超过规定的土,不得直接作为路堤填料。

（3）对填料的含盐量及其均匀性应加强施工控制检测,路床以下每 1 000 m³ 填料、路床部分每 500 m³ 填料至少应做一组测试,每组取 3 个土样。取土不足上列填料数量时,也应做一组试件。

（4）在内陆盆地过干旱地区，如当地无其他适用的填料，需用易溶盐含量超过规定值的土作填料时，应根据当地气候、水文、地质等条件，通过试验论证决定填筑措施。

含盐量较大的土一般分布在上层检测时，如发现上、下层含盐量不一样，但总的平均含量未超过规定允许值时，可以通过将上、下两层盐土打碎拌和来保证填料含盐量的均匀性。

（5）用石膏土作填料时，应先破坏其蜂窝状结构，石膏含量一般不予限制，但应控制压实度。根据以往公路、铁路多年实践经验，石膏或石膏土均可作为路堤填料。蜂窝状和纤维石膏土，由于其疏松多孔，用作填料时，应破碎其蜂窝状结构，以保证达到要求的压实度。

2.4.2 路基填筑

1）分层填筑

盐渍土路堤应分层填筑压实。分层松铺厚度根据土质类别、压实机具功能、碾压遍数等经过试验确定，但最大松铺厚度不应超过30 cm；当用12 t以上振动式压路机碾压时，粗粒土和风积沙的松铺厚度可适当加厚。碾压时，宜按最佳含水量±1%控制。当填筑砾类土和砂类土时，不得超过最佳含水量的3%或低于2%。雨天不宜施工。

分层松铺层厚度，最好通过现场试验确定。因为不同的压实层厚度与压路机性能、吨位和土质粒径组成有关。用5~8 t压路机碾压时，一般松铺厚度不大于20 cm；用12 t以上振动式压路机碾压时，细粒土不大于30 cm，粗粒土不大于40 cm，风积沙干压时不大于60 cm。

2）路基加宽

原有公路加宽与改建路基衔接处所用填料宜与原路基土相同或选用透水性好的土，原路基边坡应开挖成向内倾斜的台阶，分层填筑、分层压实。压实度应不低于改建路基相应的压实标准。设有护坡道的路段，护坡道也宜分层填筑，其压实度不小于90%。

地面横坡在1∶10~1∶5之间时，清楚坡面上的杂物，翻松表层土并压实。地面横坡1∶5~1∶2.5时，将原地面斜坡挖成阶梯，阶梯顶面做成向内倾斜2%~4%的坡度，宽度不小于1 m，如图2.22。

图 2.22 路基纵横向土质台阶

3）台背回填

桥涵与挡土墙等构造物的背后填土，应选用透水性好的非盐渍土分层填筑，松铺层厚度不应超过 20 cm，钢筋混凝土明盖板涵台背不设搭板时，宜设置水泥稳定沙砾过渡段。涵洞两侧填土与压实应对称或同时进行，压实度应满足表 2.18 的规定。

桥涵台背及挡墙背填土的质量关系到桥台、挡墙的稳定及行车的舒适与安全，往往由于土质不符合要求或回填土压实度不足，完工后发生沉陷，故规范对土质和填筑层厚度、压实度做了明确的规定。钢筋混凝土明盖板涵台背不设搭板时，宜在台背 2~5 m 范围内增铺厚 30~60 cm 水泥稳定沙砾层过渡，通常称此为刚柔过渡段，如图 2.23 和图 2.24。

图 2.23 台背回填土质台阶

图 2.24 台背回填

表 2.18 盐渍土地区路基压实度

压实范围	压实度/%	
	高速公路、一级公路	其他等级公路
路面底面至隔断层顶面	≥96	≥95
隔断层底面至地面	≥94	≥93

2.4.3 路基压实

盐渍土地区料场土质和天然含水量变化较大，一组试验求得的标准密度值和最佳含水量难以如实反映试样实际情况，为此，规定每个料场应做不少于 2 组的平行试验，求其平均值作为标准，以此控制和检验施工质量。

路基压实是保证路基强度和稳定性的关键，盐渍土路基的压实度应尽可能提高一些，以防止盐分的转移和保证路基的稳定。压实度标准分两种情况：路基内设有隔断层的路段，考虑到隔断层以上填土为非盐渍土或弱盐渍土，其隔断层顶面填土的压实标准按表 2.16 规定控制；不设隔断层的路段为防止盐分转移，其压实标准必须严格执行《路基施工技术规范》的规定，最好再提高 1%~2%。

盐渍土路基基底填前压实，考虑到高速公路、一级公路路堤较高，基底压实标准定为 90%，其他公路压实标准为 85%，但对软弱基底则应按基底处理要求办理。

砂类和细粒土的压实质量主要取决于施工工艺和含水量的控制，为此，规定对肉眼观察有怀疑之处应先做压实度测定，检查不合格处应进行返工或局部处理至符合要求之后，方可做随机检测，如图 2.25 和图 2.26。

图 2.25　风积沙隔断层碾压

图 2.26　隔断层土质台阶

2.4.4　隔断层铺筑

隔断层法就是在路基某一层位设置一定厚度的隔断层，其根本目的是隔断毛细的上升，防止水分和盐分进入路基上部，从而避免路基或路面遭受破坏。

隔断层类型按采用材料有土工布（膜）隔断层、风积砂或河砂隔断层，砾（碎）石隔断层和沥青砂，油毛毡等隔断层。土工膜、沥青砂、油毛毡属不透水性隔断层，可隔断下层毛细水和气态水上升，砾石和风积砂属透水性隔断层，只可隔断毛细水的上升。

设置隔断层是处治路基盐胀最有效、最简便的措施，应优先考虑采用。一般应用于中强盐渍土地段，特别是硫酸盐渍土地段，受地面水或地下水毛细水影响的基，标高受限制的挖方路堑或被利用的原有路基含量超限路段。

1. 土工合成材料隔断层

土工合成材料常用的有复合土工膜或土工膜，铺设时路基表面平整度与横坡应符合要求。并按设计要求设保护层。当设下保护层时应对路基表面的杂物、石子等进行清扫，下保护层的压实度应达到相应路基所要求的压实度。当不设下保护层时，路基的表面应清捡平整，严禁有尖硬棱角的碎、砾石块凸出路基表面。

用复合土土膜或土工膜作不透水隔断层已普遍采用，一般效果良好，但有的土工膜也出现过问题，主要是施工时土工膜上下的保护层材料选用不当或过厚，水分聚集形成软夹层，影响路基质量。此外，土工膜隔断层的横坡应控制在一定范围内，过小影响横向排水，过大不利于路基稳定。

土工合成材料应按路基横断面相应的宽度全断面铺设，并铺设平展紧贴下承层，不允许有褶皱。在沿路线纵向铺设时，应先由外侧向内侧铺筑。根据路基的纵坡与横坡，低的一幅接头在下，高的一幅接头在上。土工合成材料铺设应保证其整体性，相邻两幅采用焊接或缝接时，其接头应摺向下坡方向；如搭接时，搭接宽度不应小于 20 cm。铺筑完后要仔细检查有无破损处，发现后应在破损处的上面加铺大小适当能防止破损处漏水的土工和成材料进行补强。

土工合成材料铺设完成后，严禁行人、牲畜和各种车辆通行，并应尽快填筑上保护层或填料，以避免其受到阳光长时间的直接暴晒。第一层填料（含保护层或排水层）应采取轻型推土机、前置式装载机或人工摊铺，厚度不得小于 30 cm，土中不得夹有带棱角的石块。在距土工合成材料层 8 cm 以内的填料，其最大粒径不得大于 6 cm。运料车应采取倒行卸料或人工倒运摊铺的方法，一切车辆、施工机械只容许沿路堤的轴线方向行驶。距居民区、农耕区近的地段施工时，必须采取当天上料全面覆盖的方法分段铺设。

土工合成材料在存放以及铺设过程中，应尽量避免长时间暴晒或暴露，以免其性能老化。施工时应严格避免运料车及其他施工机械在已摊铺并张拉定位的土工合成材料上直接醚压，以免车轮对其产生推移或造成损伤。填料也不允许直接卸在土工合成材料上面，必须卸在已摊铺完备的土上面上。

在土工膜上填筑粗粒土的路段，应设上保护层。保护层摊平后先碾压 2~3 遍，再铺一层粗粒土，与上保护层一起碾压，两者的厚度之和不应超过 40 cm。土工合成材料的进场检验、运输、存放等应严格执行《土工合成材料应用技术规范》有关规定；其质量和保护层的规格，应符合设计和表 2.19 要求。

表 2.19　隔离层工程土工合成材料施工质量标准表

检查项目	规定值或允许偏差	检查方法和频率
下承层平整度	符合设计、施工要求	每 200 m 检查 4 处
搭接宽度/mm	+50、-0	尺量：抽查 2%
搭接缝错开距离/mm	符合设计、施工要求	尺量：抽查 2%
搭接处透水点	不多于 1 个	每缝

2. 砾（碎）石隔断层

砾（碎）石隔断层（如图 2.27）材料进场时应进行严格检查，必须满足设计规定要求。砾（碎）石隔断层的粒径及反滤层的质量应符合设计规定，其实测项目按《公路工程质量检验评定标准》(JTG F80/1—2017)有关规定执行。

砾（碎）石隔断层应按设计厚度先铺设包边沙砾土，再全层一次铺填，路拱横坡不小于 2%，用平地机或大型推土机摊铺平整，并用人工配合找平。

图 2.27　土工布隔断层

由于砾（碎）石隔断层材料级配较均匀，细砂少，不易压实，因此碾压之前用平地机或大型推土机摊铺平整，使表面无明显凹凸之处，再用重型振动压路机碾压。砾（碎）石隔断层压实宜先用履带推土机稳压 1~2 遍，再用 12 t 以上的振动压路机碾压，由路基两侧向中间碾压，纵向轮碾应互相平行，并按试验确定的压实遍数碾压，以达到所要求的密实程度。

砾（碎）石隔断层（图 2.28）不使用土质路基的压实度来判定其密实程度，《盐渍土地区公路设计与施工指南》规定以通过 12 t 以上的重型振动压路机进行压实试验，当压实层顶面稳定、不再有下沉轮迹时，可判为密实状态。砾（碎）石经振动压密后，再铺反滤层（土工织物）及上层填料，一次性碾压。

图 2.28　砾石隔断层

3. 风积沙或河沙隔断层

新疆的风积沙的总盐含量为 0.05%~0.55% 之间,黏粒含量少,具有可压缩时间短、沉降量小、徐变小、承载力高等特点,是良好的筑路材料,可用它做基底处理或隔断层,也可作为路基填料或路面垫层。用风积沙或河沙作为路基填料或隔断层,其质量指标应符合设计规定,如图 2.29。

图 2.29 风积沙隔断层

在干旱缺水地区风积沙填筑与压实,应根据当地自然条件和压实机械先做小范围的试验,选用合适的填筑与压实工艺。风积沙的填筑与压实是保证工程质量的关键,应遵循下列要求:

(1) 风积沙路基必须采用机械化施工,重型振动压路机压实。

(2) 风积沙表层 0~1.5 m 范围内天然含水量一般为 1% 左右。路基施工如用水不便,可采用干压实工艺,要求压实密度达到95%以上。

(3)风积沙设计厚度大于60 cm时,应采用分层填筑,每层松铺厚度30~40 cm;设计厚度≤60 cm时,可一次全厚度填筑。

(4)风积沙在干燥状态下压实度可达到95%~100%,采用振动压实振压功能的深度可达到60 cm。所以在条件许可时可采用全厚度(60 cm)填筑的干压实工艺。在新疆塔里木沙漠公路采用干压实工艺,既解决了干旱缺水难题,又保证了工程质量和施工进度,效果良好,列为沙漠公路施工的重大成果。干压实工艺流程分初压、复压、振动碾压、表层碾压。风积沙干压实施工工艺流程:

分层填筑包边土→分层填风积沙→分层初压→调平复压→振动碾压→铺土工布及沙砾层→表层碾压。

2.4.5 路面施工材料要求

(1)基层材料要求。

水泥或石灰稳定土结构层所用集料,质量应符合《公路路面基层施工技术细则》的有关规定,并应严格按表2.20控制其有机质和硫酸盐含量。对于水泥稳定沙砾基层,集料中易溶盐的钠盐含量还应按表2.17规定控制。在盐渍土地区,当用水泥、石灰或石灰粉煤灰稳定土做路面基层、底基层时,应对土的有机质和硫酸盐含量进行试验,以确定该种土是否适宜于用石灰或水泥稳定。对于硫酸盐含量超过0.25%的土不应用水泥稳定,超过0.8%的土不应用石灰稳定。

表2.20 稳定土基层材料有机质和易溶盐允许含量

材料类型	有机质含量/%	硫酸盐含量/%
水泥稳定类	<2	≤0.25
石灰稳定类	<10	≤0.8
石灰粉煤灰稳定类	<10	≤1.0

水泥或石灰稳定土结构层施工用水应符合饮用水的规定。水泥或石灰稳定土结构层施工前以及在施工中原材料发生变化时,必须对拟采用

的材料进行规定的基本性质试验，以确定材料质量是否符合要求。试验项目应按《公路路面基层施工技术细则》有关规定进行。

（2）沥青面层材料要求。

沥青面层的集料应该洁净、干燥、无风化、无杂质、具有足够的强度及耐磨性，质量应符合《公路沥青路面施工技术规范》有关规定，并严格控制集料的易溶盆含量。

2.4.6 施工组织与排水

1. 施工组织

施工时间选定：由于盐渍土中水和盐的状况随着季节不断变化，因此在盐渍土地区筑路，应尽可能地考虑盐渍土的水盐状态特点，力求在有利季节安排施工。所以在盐渍土地区筑路时，力求在路基填料不发生冻结、也不积水的枯水季节进行施工。除采用不冻结的土或采取特殊措施外，一般不宜冬季施工。

路基施工程序安排：盐渍土路段应采取分段连续的施工方式，段落不宜太长，力求一次施工到路床顶面设计标高，最好于当年铺筑路面基层。如果当年不能铺筑路面时，应采取防止雨、雪水侵入路基的措施。在设置隔断层的地段，要一次做到隔断层的顶部。

2. 施工排水

施工中应重视临时排水措施，防止农田灌渠灌水冲刷浸泡路基和施工场地，临时排水设施与路基设计中的设施应形成统一的排水系统，其配套的桥涵应尽量安排在路基填筑前完成。路基两侧的取土坑应规则整齐，坑底纵坡要与桥涵进出水口顺接，使排水顺畅、不积水。路基排水除应按现行《公路路基施工技术规范》有关规定施工外，并应执行下列规定：

（1）施工中应及时合理地布置好排水系统，不应使路基及其附近有积水。

（2）施工中必须按设计要求，做好施工场地及附近的临时排水设施，并尽量与永久性排水设施相结合。

（3）路基一侧或两侧有取土坑时，取土坑的位置尺寸必须严格按设计要求执行。

（4）在排水困难地段或取土坑有被水淹没可能时，应在路基一侧或两侧取土坑外设置高度不小于 0.5 m、顶宽不小于 1 m 的纵向护堤。

（5）在地下水位较高地段，除挡导表面水外，应加深两侧边沟或排水沟，以降低路基下的地下水位。

（6）路基施工范围内，不能随便弃土及堆放杂物。

（7）路基填料应及时摊铺、碾压，每层均确保不小于 1.5% 的路拱横坡，使施工中雨水能及时顺利排出。

（8）春融前必须注意清除路基上的积雪。

对中央分隔带和沿线设施的施工要求：当设置封闭型中央分隔带时，应在路面施工时及时封闭，防止雨、雪水由分隔带渗入路基。封闭型中央分隔带一般都在路面完工后或管线埋设后，才能进行表面封闭，为防止雨水存积在未封闭的中央分隔带渗入路基，应事先设法将分隔带临时覆盖。其封闭材料可采用沥青混凝土、水泥混凝土、防渗土工合成材料及其他形式的防渗材料，沿线设施挖基坑后应及时安装回填，不能及时处理时，应用防渗材料将基坑覆盖，严防水流进入。如设置非封闭型分隔带，应在路面施工之前做好隔断水流进路基的防渗隔断设施。

2.4.6　构造物防腐

盐渍土的腐蚀性主要表现为对水泥混凝土和金属建材的腐蚀。以硫酸盐为主的盐渍土主要通过化学作用、结晶膨胀作用对水泥混凝土、砂浆、黏土砖等建筑物发生腐蚀破坏，其硫酸根离子对钢筋等金属材料也有一定的腐蚀作用；以氯盐为主的盐渍土，通过氯离子与铁离子结合，对金属材料起腐蚀作用；氯盐和硫酸盐同时存在的盐渍土，在受温度、湿度、冻融和干湿交替等自然环境中，具有更强的腐蚀性。因此，对盐渍土地区水泥混凝土和金属结构物应做好防腐蚀处理，提高构造物自身的抗盐侵蚀能力和隔绝盐的侵入，以满足使用和耐久性的要求。

盐渍土地区水泥混凝土构造物的下部和与盐渍土接触的上部，都应做防腐蚀处理。一般采取选择优质水泥、增加水泥用量、降低水灰比、使用优良外加剂和掺和料、增加混凝土保护层厚度等措施，如果仍不能满足抗腐蚀要求时，宜在混凝土构造物的表面设置防护面层。

以氯盐为主的盐渍土中，配制基础钢筋混凝土所用的水泥，应采用高强度等级硅酸盐水泥或矿渣硅酸盐水泥，以防止氯盐对钢筋的锈蚀破坏作用；在以硫酸盐为主的盐渍土中应采用抗硫酸盐水泥，以防止硫酸盐对混凝土的物理、化学破坏作用。

搅拌混凝土或砂浆用水、砂，应符合现行标准的有关规定。施工时对拌和用水、砂中的含盐量应严格控制，当混凝土处于盐渍土环境时，混凝土拌和用水中的氯离子含量应不大于 200 mg/L，否则应掺加钢筋阻锈剂，硫酸盐含量按硫酸根计应不大于 500 mg/L；用于钢筋混凝土的砂，其氯离子含量应符合现行标准的有关规定。

基础混凝土采用外加剂时，应根据盐渍土地基的侵蚀等级选用外加剂品种。当为严重侵蚀的盐渍土地基时，应选用无氯盐和硫酸盐的外加剂；当为中、轻度侵蚀的盐渍土地基，使用含氯盐外加剂时，应符合《公路桥涵施工技术规范》及现行标准的有关规定。

位于氯盐渍土地区的钢筋混凝土构造物，混凝土拌和物中因各种组成材料引入的氯离子含量（折合氯盐含量），对于预应力混凝土应不超过水泥用量的 0.06%，对于普通混凝土应不超过水泥用量的 0.1%；如大于此数值，应采取有效的防锈措施（如掺入阻锈剂、增加保护层厚度、提高混凝土密实性等）。

需涂抹防腐层的混凝土构造物的基础表面，必须坚实平整、无裂缝及蜂窝麻面，表面要干燥，强度应符合设计要求，涂抹高度应高出接触盐渍土或矿化水的部位 0.5~1.0 m。沥青防腐层宜分两层施工，厚度为 2~5 mm。

2.5 盐渍土地区公路设计和施工案例

风积沙防治公路盐胀病害的工程实例

盐胀病害在新疆公路中较为普遍，为此对公路盐胀病害的治理措施和盐胀控制效果进行了路况调查，现将各调查路段进行说明。

1. 风积砂在阿塔公路中的应用

阿塔公路起点为阿克苏市终点为阿拉尔市。该公路等级为二级路。公路位于阿克苏河流域冲积细土平原中下游，基本走向与塔河平行，部分路段穿越盐碱沼泽区，因此设计上有土工膜布铺设。工程自起点穿越盐碱沼泽区，原设计在路面下 1.0～1.2 m 处铺设一道土工膜布，其上填筑风积沙，分层压实至底基层底面。但施工中由于多种原因从 K10+000～K11+800 段以及 K13+000～K13+500 膜上没有填筑风积沙，而是从路旁土甩方填筑，K21+800～K22+800 段按设计施工。完工后的第一个秋冬季，便在没填风积沙路段出现了路面纵向裂缝。经过这四年的运行裂缝年年秋季发生，并随时间裂缝加宽，裂缝范围加大，入春后回落，入夏后大部分恢复，但裂缝及其周边沥青面层松弛、脱落，逐年加重，而填筑风积沙段完好无损。在 K32+000～K41+000 段也完全用风积沙填筑路床，目前通过四年的运行凡在结构层下填有风积沙（0.5 m 以上的厚度）的路段，均无路面破坏，而未填风积沙的路段或多或少都有路面损坏。

两段（K10+000～K11+800，K13+000～K13+500）未填筑风积沙铺设了土工膜布的路段，虽然膜布防止了其下部的水分上升，保证了其上部的路面在干燥和潮湿状态下运行，对其上部的路基起到了很好地防止次生盐渍化的可能。但同时也阻止了其上部水分的散失和盐分的下排，其上部在施工中的最佳碾压含水量（14%左右）可较长时间保持在较高含水量的水平，从现场取样（2002 年秋季），其路肩下 0.8 m 的含水量在 10%～12%之间。这一含水量足以使膜上含一定量的 Na_2SO_4 盐渍土发生胀裂的路面破坏，而且由于施工中的错误，恰好形成了上下路段的对比，两段未填风积沙的路段，恰好一前一后将填筑风积沙的路段夹到了中间。如此路面反映出的差异，应该归结为土工膜上的填料不同所致，路段胀裂的时间以及当时的温度又说明这不可能是由于冻胀原因，而膜的存在使得膜上土只能靠蒸发才能减少其中的含水量，而沥青面层的存在又起到了阻碍其水分蒸发的作用，如此盐胀年年重复、累积，使得路面逐年破坏。

2. 风积砂在巴莎公路中的应用

S215线巴楚—莎车公路，大部分路段路基两侧为林带与农田，个别段落为盐碱荒滩，老路路面结构为3 cm沥青表处，10～20 cm级配沙砾，路基宽度10 m，路基高度在2 m左右，路基普遍采用就地盐渍土或粉土填筑。老路病害路段基本分布在盐碱荒滩、地下水位高的路段，病害表现为路基不均匀沉陷、翻浆、盐胀、路面网裂、老化剥落严重。沿线地表土大多属硫酸盐类盐渍土，局部硫酸盐含量较高，属强盐渍土，部分路段路基两侧因季节不同偶有积水。多处路段盐胀病害久治不愈，经现场调研发现公路路面自11月中旬发生了隆胀，持续到次年2月，而隆胀始发期的气温和地温均大于0 ℃，进行人工开挖坑槽发现是Na_2SO_4所致。因此以K75+000～K79+500为试验段进行防治试验，该段路基平均高出地面约2 m，其一侧10 m远为与公路并行的干渠（无防渗的老渠），渠身上缘几近与公路路面同高程，渠路之间为一取土沟槽，深度1～1.5 m不等。另一侧为一洼地，未建立排水系统，春灌或大雨过后，有地下水出露现象，试验段区域最大标准冻深为0.65 m。试验段实施方案：挖弃原路面下1.0～1.2 m的旧路基，先换填0.6～0.8 m的风积沙，分2～3层碾压密实，其上部填筑40 cm沙砾结构层并压实，再作3.5 cm沥青面层。试验段至2010年（已有四年）运行品质良好，达到了治理盐胀的预期效果。

3. 风积沙用于公路盐胀病害防治的可行性分析

1）盐分含量

风积沙的化学组成以SiO_2（70%左右）、Al_2O_3（10%左右）为主，MgO、CaO、K_2O、Na_2O、Te_2O_3等的含量较少；且不含引起公路冻胀和翻浆的硫酸盐和氯盐成分，属于非盐胀性土，并且在新疆中多用风积沙进行盐渍土土壤改良，效果很好。另外风积沙与粉土、黄土相比，由于SiO_2含量较多，其颗粒的硬度和强度均较大，可作路基填料，适合于治理盐胀。玉阿公路充分证明了这一点。

2）颗粒组成

风积沙的颗粒组成相对于粉土、黏土较粗，粉黏粒含量较小，特别是 SP、SF 类风积沙更是如此。由于风积沙颗粒较粗，相对比表面积小于一般路基填土，颗粒之间的结合水相对较少，毛细水上升高度也较小，使得风积沙路基中底部盐分通过温度梯度上升到路面的速度慢，起到隔断层的作用，从而使得路基土次生盐渍化的程度减小。

3）强　度

在风积沙工程特性和其在冻胀病害防治中应用中已经论述，风积沙具有良好的水稳性和较高的强度，风积沙用于盐胀路基中可以增强路基的强度，起到抑制盐胀的作用。

4）路面结构层

风积沙良好的水稳性，在压实状况下也有良好的稳定性，并且其较小的毛细水上升高度、较好的抗冻性能和较大的强度（回弹模量值和CBR 值）又起到了垫层的功能——也就是说采用风积沙层处理盐胀问题，相当于增加了路面结构层，增强了路面结构的强度和增加了盐渍土顶部的路面结构覆盖，从而达到抑制盐胀的作用。

3. 使用效果

风积沙在新疆内分布较为广泛，并且是新疆环境治理的顽症之一，利用风积沙筑路防治路基盐胀，可以达到治理环境的目的。并且风积沙运距较近，利用本文的技术可以防治路面结构层砂石料的嵌入而节省了土工布或沙砾石封层，又在防治盐胀中取消土工布的隔水层，从而有效地降低了筑路成本，使其在低等级、低造价公路应用有了较为广阔的条件。

3 新疆沙漠地区公路

3.1 沙漠地区公路概述

3.1.1 我国沙漠地区分布

沙漠是指地面完全被沙所覆盖、植物非常稀少、雨水稀少、空气干燥的荒芜地区。沙漠亦作"沙幕"，干旱缺水，植物稀少的地区。中国沙漠总面积约 70 万 km^2，如果连同 50 多万 km^2 的戈壁在内总面积为 128 万 km^2，占全国陆地总面积的 13%。中国西北干旱区是中国沙漠最为集中的地区，约占全国沙漠总面积的 80%，我国最著名的八大沙漠分别是：塔克拉玛干沙漠、古尔班通古特沙漠、巴丹吉林沙漠、腾格里沙漠、乌兰布和沙漠、库布齐沙漠、柴达木盆地沙漠、库木塔格沙漠。主要分布在新疆（40.4%）、甘肃（6.6%）、内蒙古（5.2%）、宁夏（4.1%）、青海（3.5%）、吉林（1.8%）、辽宁（1%）、陕西（0.9%）与黑龙江（0.2%）等九个省（区），主要沙漠、沙地有：塔克拉玛干沙漠、古尔班通古特沙漠、乌兰布和沙漠、巴丹吉林沙漠、腾格里沙漠、柴达木盆地沙漠、库尔齐沙漠、毛乌素沙地、小腾格里沙地、科尔沁沙地及河西走廊沙地。

我国的沙漠、沙地多深居内陆，远离海洋。大致以乌鞘岭和贺兰山一线为界，该线以西，属干旱、过干旱地区，沙漠分布比较集中，占全国沙漠总面积的 86%，并以流动沙丘为主；该线以东，属微湿、半干旱地区，沙漠、沙地分布比较零散，面积也较小，仅占全国沙漠面积的 14%，并以固定、半固定沙丘为主。

我国第一大沙漠塔克拉玛干沙漠和第二大沙漠古尔班通古特沙漠，都分布在新疆。塔克拉玛干沙漠，整个沙漠东西长 1 000 余千米，南北宽 400 多千米，总面积 337 600 km^2，分布在新疆四个地区界内：巴音郭楞、阿克苏、喀什、和田，是中国境内最大的沙漠，也是全世界第二大的流动沙漠，仅次于阿拉伯半岛的鲁卜哈利沙漠（65万平方千米），流沙面积世界第一。沙漠在西部和南部海拔高达 1 200 ~ 1 500 m，在东部和北部则为 800 ~ 1 000 m。沙丘最高达 200 m。塔克拉玛干沙漠的侧翼为雄伟的山脉：天山在北面，昆仑山在南面，帕米尔高原在西面。东面逐渐过渡，直到罗布泊沼盆，在南面和西面，在沙漠和山脉之间，则是由卵石碎屑沉积物构成的一片坡形沙漠低地。塔克拉玛干沙漠，系暖温带干旱沙漠，酷暑最高温度达 67.2 °C，昼夜温差达 40 °C 以上；平均年降水不超过 100 mm，最低不足 5 mm；而平均蒸发量高达 2 500 ~ 3 400 mm。

古尔班通古特沙漠是中国第二大沙漠。介于北纬 44°15′ ~ 46°50′，东经 84°50′ ~ 91°20′。位于准噶尔盆地的中央，面积 4.88 万 km^2。由 4 片沙漠组成，西部为索布古尔布格莱沙漠，东部为霍景涅里辛沙漠，中部为德佐索腾艾里松沙漠，其北为阔布北-阿克库姆沙漠。准噶尔盆地属温带干旱荒漠。年降水量 70 ~ 150 mm，冬季有积雪。降水春季和初夏略多，年中分配较均匀。沙漠内部绝大部分为固定和半固定沙丘，其面积占整个沙漠面积97%，形成中国面积最大的固定、半固定沙漠。在沙漠的中部和北部，沙垄的排列大致呈南北走向，沙漠东南部成西北—东南走向。在沙漠的西南部分布着沙垄 – 蜂窝状沙丘和蜂窝状沙丘，南部出现有少数高大的复合型沙垄。流动沙丘集中在沙漠东部，多属新月形沙丘和沙丘链。

我国的沙漠与沙地，从筑路观点可分为微湿沙地、半干旱沙地、干旱沙漠与过干沙漠四区。它们的分界指标采用计算湿润系数的等值线，其值分别为 0.5、0.25 和 0.05。分区情况见表 3.1。

表 3.1　沙漠沙地分区表

分区名称	所处自然带	路基防护条件	包括的沙漠与沙地
微湿沙地	草原及干草原	路基两侧宜于采用乔、灌草结合的植物固沙带，不需要灌溉	西辽河沙地、呼伦贝尔沙地
半干旱沙地	干草原	路基两侧宜于采用乔、灌草结合的植物固沙带。一般不需灌溉，但在干旱的年份需要对栽种于梁地上的乔木（特别是幼龄木）进行灌溉	小腾格里沙地、毛乌素沙地、库布齐沙漠的东部

续表

分区名称	所处自然带	路基防护条件	包括的沙漠与沙地
干旱沙漠	荒漠草原及荒漠	宜于采用植物固沙与工程防沙措施相结合的方法。通常采用灌、草结合的植物固沙带。栽植乔木需要灌溉,并需辅助一定的工程措施	库布齐沙漠的西部,乌兰布和沙漠、腾格里沙漠、巴丹吉林沙漠的东部、古尔班通古特沙漠
过干沙漠	荒漠	以工程防沙措施为主,植物固沙为辅。需要灌溉。利用当地旱生灌木固沙,需结合工程措施进行	塔克拉玛干沙漠、河西走廊西部沙地、巴丹吉林沙漠西部、柴达木盆地沙漠

3.1.2 我国修筑沙漠公路的经验和研究现状

多年来,我国已修建了一定数量的沙漠公路,"八五""九五"期间,新疆、内蒙古和陕西等省区在沙漠地带修建了一定数量的二、三级公路,其中突出的有:总长 446 km 的塔克拉玛干沙漠石油公路;2003 年建成的我国第一条沙漠高速公路——陕西榆林至靖边。

多年来国内很多科研单位从事沙漠筑路课题的研究,获得了一定的成果,其中主要有:

新疆交通科研院进行了"沙漠公路路基稳定路面结构组合及加固和施工技术研究"取得了突破性成果——采用干压实沙基上层铺纺织土工布的强基薄面修筑技术和采用"沙基+土工布+天然沙砾石底基层+沥青混凝土+沥青砂的路面结构",在实际施工中发现在结构层中设置土工布覆盖干压实沙基,不仅起到加固沙基、分布荷载应力、防止层面剪切变形、割断沙砾与风积沙的掺混,而且常规运料车可直接在铺有土工布的沙基上行驶,大大方便了沙漠施工。

塔里木石油勘探指挥部、新疆交通科研院等 9 家单位进行了"塔里木沙漠石油公路工程技术研究"在沙漠公路选线技术、防沙治沙、路基稳定及路面结构、施工养护技术、沿线水文工程地质、环境影响评价等方面取得了很好的成果;

张生辉在"沙漠地区路基路面修筑技术研究"项目中对无机结合料加固风积沙的混合料组成设计、路面设计参数及温缩、干缩等方面的室内研究及优选出的几种新的路面结构材料的试验路验证得出了沙漠公路路基、路面成套技术。

华锋在"风积沙作为路面结构材料的研究"中，对土工格室加固沙进行了系统研究，深入探讨了土工格室加固沙工作机理，并进行了有限元分析，得出土工格室沙作为路面结构层完全满足高等级公路使用功能，且可起到防止反射裂缝的作用。

方城均和李云采用风积沙作路基隔离层以防止路基翻浆、保证路基在季节变化下的稳定及路面整体强度，取得了经验

长安大学、陕西公路局、榆林公路总段等单位在沙漠路基压实标准及检测技术、沙漠地区公路路基边坡设计及稳定性、沙漠路基施工及质量控制技术、沙基振动干压实法等方面均有丰富的成果。

3.2 风积沙工程特性试验研究

风积沙系指风力作用下形成的沙物质，从工程角度来看，风积沙一般为细沙或极细沙，颗粒集中，级配不良，粉黏粒含量少，基本上为松散状。

3.2.1 物理特性研究

1. 风积沙的颗粒分析及工程分类

在经过前期调研的基础上，采集了新疆兵团范围内垦区公路或市政道路工程中，已经使用或将要使用的风积沙样品 30 余个，分别进行筛分试验、工程分类研究。部分试验结果列于表 3.2，统计结果汇总于表 3.3。

表 3.2　风积沙沙样筛分结果

筛孔直径/mm	2	2~1	1~05	0.5~0.25	0.25~0.074	<0.074	沙样代号	试样地点或应用工程
沙样编号	各级留筛质量百分率/%							
XS-A	0.016	0.002	0.014	0.850	95.650	3.468	SP	农八师134团东下线
XS-B	0.060	0.030	0.170	2.126	83.988	13.626	SF	农六师芳草湖农场
XS-C	0	0.008	0.032	0.038	80.818	19.104	SM	农六师芳草湖农场
XS-05	0	0	0.180	0.240	74.640	24.930	SM	农一师6团
XS-22	0.024	0.056	0.112	0.198	67.188	32.420	SM	农八师150团22连
SC-1	0.043	0.021	0.091	1.200	87.000	11.645	SF	风积沙试槽
SC-2	0.008	0.006	0.022	0.018	77.866	22.080	SM	风积沙试槽
MF-2	0.075	0.100	0.162	0.288	48.525	50.850	SM	农六师玛芳公路
MF-3	0.012	0.025	0.050	0.088	57.662	42.163	SM	农六师玛芳公路
AT-2	0	0	0.050	0.530	97.320	2.100	SP	塔南公路
GX-1	0	0.010	0.014	0.038	95.746	4.192	SP	农八师古新干线
GX-3	0.008	0.002	0.010	0.008	97.246	2.726	SP	农八师古新干线
GH-2	0	0	0.600	1.500	92.800	4.900	SP	固化剂试验段

表 3.3 风积沙筛分试验统计结果

取样地区	沙样代号	粒径/mm	>2	2~1	1~0.5	0.5~0.25	0.25~0.074	<0.074	样本数量
			各级留筛质量百分率/%						
南疆地区	SM	含量范围	0~0.044	0~0.952	0~3.116	0.022~17.420	56.960~79.230	15.468~42.664	8
		平均含量	0.010	0.122	0.423	2.325	71.165	25.953	
	SF	含量范围	0~0.030	0~0.040	0~7.410	0.050~28.32	57.530~93.784	5.870~10.840	8
		平均含量	0.008	0.009	1.585	5.965	84.304	8.130	
	SP	含量范围	0	0~0.680	0.004~10.872	0.030~14.778	70.050~97.320	2.100~4.760	4
		平均含量	0	0.170	2.747	3.920	89.603	3.562	
北疆地区	SM	含量范围	0~0.054	0.006~0.056	0.014~0.112	0.014~0.198	67.188~84.422	15.544~32.420	5
		平均含量	0.026	0.030	0.062	0.074	76.852	22.957	
	SF	含量范围	0~0.018	0~0.016	0.016~0.032	0.02~0.752	87.622~92.806	7.134~12.336	6
		平均含量	0.007	0.006	0.021	0.215	90.440	9.311	
	SP	含量范围	0~0.134	0~0.152	0.026~2.948	0.004~9.528	88.28~97.904	1.264~4.688	5
		平均含量	0.029	0.036	0.676	2.942	92.914	3.402	

通过表 3.2 ~ 表 3.3 可知：

（1）新疆垦区的风积沙在颗粒组成上的分布范围较广，覆盖了整个砂的分类，且风积沙的机械组成很细，沙粒均匀，级配较差。

（2）南疆地区的风积沙从整体上讲，颗粒组成较北疆稍粗一些，这主要反映在大于 0.25 mm 的颗粒含量上。南疆取样的地点大都在塔克拉玛干沙漠腹地的流动性和半流动性沙丘或者处于天山南坡山前冲刷、风化带上，因而颗粒较粗；而北疆各农牧团场的风积沙基本上是属于半固定或植被较好的固定沙丘，流动性小，颗粒组成均较为接近。因此，可将南北疆的风积沙归属于 3 种不同类别：SP、SF、SM，颗粒分布多集中在 0.25 ~ 0.074 mm 之间，占总量的 71% ~ 92%。

（3）由于地域的不同，风积沙颗粒组成也不同，根据规范规定，按含 0.074 mm 以下颗粒含量（粉、黏粒含量，下同）的不同分为 3 类。当 $15\% < F < 50\%$ 时，称为细粒土质砂，记为 SM，如 XS-C 属于此类，一般分布在远离沙漠的农牧团场；当 $5\% < F < 15\%$ 时，称为含细粒土砂，记为 SF，如 XS-B 属于此类，一般分布在沙漠边缘的农牧团场，有局部的沙丘；当 $F < 5\%$ 时，称为砂，记为 SP，如 XS-A 属于此类，一般分布在沙漠腹地或靠近沙漠处。

2. 风积沙的比重

土粒比重是土的基本物理指标之一，是计算孔隙比和评价土类的主要指标。按照规范要求，采用比重瓶法、以称量校正法进行试验，试验结果如表 3.4 所示。

表 3.4 风积沙沙样比重

沙样编号	沙样代号	沙样比重
XS-A	SP	2.68
XS-B	SF	2.66
XS-C	SM	2.64

风积沙的比重大致在 2.64 ~ 2.68 之间。一般来说，风积沙随着粉、黏粒含量的增大，其比重相对减小。

3. 风积沙的相对密度

风积沙属于砂类土，其颗粒组成较粗，以单颗粒结构为主，由于含粉、黏粒较少，其颗粒基本属于无黏性土粒，所以砂的相对密度理论也适用于风积沙。

相对密度是无凝聚性粗粒土（砂）紧密程度的指标，可以反映其在自然状态下或经压实后的松紧情况和土粒机构的稳定性。相对密度 Dr 为最大孔隙比与天然孔隙比之差和最大孔隙比与最小孔隙比之差的比值

$$D_r = \frac{e_{max} - e}{e_{max} - e_{min}} = \frac{\rho_{dmax}(\rho_d - \rho_{dmin})}{\rho_d(\rho_{dmax} - \rho_{dmin})} \quad (3.1)$$

式中　e_{max}、ρ_{dmin}——沙土的最大孔隙比及其对应的最小干密度；
　　　e_{min}、ρ_{dmax}——沙土的最小孔隙比及其对应的最大干密度；
　　　e、ρ_d——沙土的孔隙比及其对应的干密度。

最大孔隙比和最小孔隙比表达式为

$$e_{max} = \frac{\rho_w G_s}{\rho_{dmin}} - 1 \quad (3.2)$$

$$e_{min} = \frac{\rho_w G_s}{\rho_{dmax}} - 1 \quad (3.3)$$

式中　G_s——沙土的比重。

砂的密实程度在一定程度上可以用孔隙比来反映。但是，目前没有统一而完善的测试最大、最小孔隙比的方法，天然孔隙比的测定也存在不少问题；根据国外的试验研究及国内的科研成果，常采用最大、最小干密度与现场的干密度做比较，来确定风积沙的相对密度。试验结果如表 3.5 所示。

表 3.5　风积沙的相对密度

沙样代号		最大干密度/（g/cm³）	最小干密度/（g/cm³）	样本数
SP	范　围	1.705~1.733	1.40~1.489	7
	平均值	1.723	1.446	

续表

沙样代号		最大干密度/(g/cm³)	最小干密度/(g/cm³)	样本数
SF	范围	1.627~1.710	1.296~1.421	12
	平均值	1.672	1.347	
SM	范围	1.560~1.662	1.222~1.346	14
	平均值	1.619	1.299	

从表 3.5 可知：

（1）风积沙最疏松状态与最紧密状态的干密度相差不大，即最疏松状态干密度可达到最紧密状态干密度的 80% 以上。

（2）随着风积沙中粉、黏粒土含量的增加，其干密度也呈下降趋势。

风积沙颗粒组成中含有一部分粘、粉粒，其含量较少时黏聚力小，其力学特性表现为无黏性，它在振动及锤击下，其颗粒能够充分重新排列组合，达到最密实状态。随着黏、粉粒的增大，风积沙由无黏性向假黏性、黏性过渡，在含黏、粉粒含量达到 15% 以后，由于其黏、粉粒的增多，颗粒无论在干燥状态还是最佳含水量状态下，因其相互的黏聚力及排斥力而不能在振动及锤击作用下进行充分的重新组合排列，致使风积沙的孔隙相对较大，密实度也相对减小。

3.2.2 化学特性研究

选取具有代表性的沙样进行化学特性试验，内容主要包括：酸碱度、易溶盐含量、中溶盐石膏含量以及矿物组成等。

1. 矿盐组成

风积沙主要由盐屑、长石和石英三种颗粒组成，三种颗粒的总含量一般占整个沙样的 90% 以上。盐屑的组成多种多样，火成岩、沉积岩、变质岩均可见到。沙样中还有少量的其他矿物颗粒，包括白云母、黑云母以及褐铁矿、黄铁矿、绿泥石、角闪石、阳起石、锆英石等重矿物。

总之，沙粒的风化程度并不高。坚硬的石英颗粒，其表面较为平滑，少有风化迹象。碳酸盐屑、泥盐屑等颗粒由于质地软弱或含有可溶蚀的杂质，其表面往往出现溶孔、凹坑、麻点、擦痕等风化迹象。而长石与火成岩颗粒表面除可见到一般的磨蚀痕迹外，有时也能见到主要由褐铁矿组成的厚为几十微米的包膜。

2. 化学成分

沙样全量化学分析结果见表3.6。

表3.6 风积沙的化学成分

成分	SiO_2	CaO	Al_2O_3	Na_2O	K_2O	Fe_2O_3	MgO	TiO_2	P_2O_5	MnO_2
含量/%	69.51	10.25	8.93	3.42	2.82	2.01	2.32	0.56	0.11	0.07

此外，定性分析中还发现有 Ba、Sr、Zr、Cr、Nb 等微量元素。

从表3.6中可以看出：风积沙的化学组成以 SiO_2（70%左右）、Al_2O_3（10%左右）为主，MgO、CaO、K_2O、Na_2O、Te_2O_3 等的含量较少；同粉土、黄土相比，风积沙由于 SiO_2 含量较多，其颗粒的硬度和强度均较大。

铁铝氧化物含量之和为 11%~16%，这说明在沙丘上，植物生长较为困难，几乎没有土壤发育。这与沙丘基本上全部裸露而且流动性强的特点一致。石英含量较高，对工程的影响和作用值得深入研究。

3. 水溶盐含量、酸碱度

总的说来，风积沙的易溶盐含量不高，试验结果见表3.7。

表3.7 沙样的盐类含量

离子	SO_4^{2-}	HCO_3^-	Cl^-	CO_3^{2-}	Mg^{2+}	Ca^{2+}	Na^+、K^+
含量/%	0.020	0.015 6	0.007 6	0.001 3	0.0024	0.004 6	0.012 6

风积沙的 pH 基本在 9 左右，呈碱性。

3.2.3 力学特性研究

风积沙的力学特性直接影响着风积沙路基和固化风积沙基层的整体

强度及稳定性。因此，从击实特性、振动特性、回弹模量等方面系统研究风积沙的力学特性。

1. 风积沙的击实特性

1）风积沙的击实特性

由于风积沙的黏性很小，比较松散，成型十分困难，采用常规的击实试验方法，所得试验结果比较零乱，规律性较差。试验结果如图3.1所示。

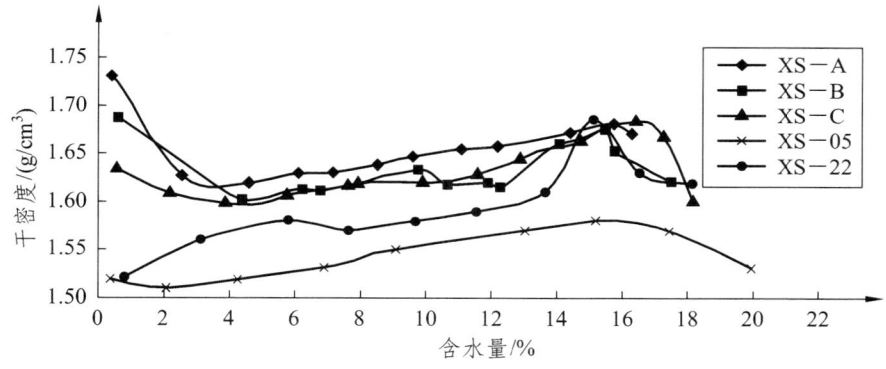

图3.1 风积沙击实曲线

击实试验结果表明：

（1）风积沙的击实特性与黏土、粉土的完全不同，随着粉、黏粒含量的增大出现了从双峰值向单峰值变化的趋势，这一变化点在粉、黏粒含量为20%~25%之间。

（2）在粉、黏粒含量小于25%（如XS-A、XS-B、XS-C）时，峰值分别出现在干燥状态（即含水量约为0处）和最佳含水量（接近饱和状态）处。当含水量接近零时，干密度较大；稍增大含水量，干密度反而减少，直至曲线上出现干密度值最小的谷点；但在此之后，干密度又随含水量的增大而增大，直至达到最佳含水量时的最大干密度，此后干密度又随含水量的增大而减小。这也说明了风积沙具有干压实和湿压实（最佳含水量）两大特性。

（3）随着风积沙中粉、黏粒含量的增大，最大干密度从风干状态向最佳含水量状态移动。在粉、黏粒含量大于15%时，利用相同的压实功，采用湿压比干压更易压实。

（4）在粉、黏粒含量小于25%时，风积沙的最小干密度为最大干密度的93%～95%之间，施工中按照一般公路的压实标准93%或95%是较容易达到的，因而这种标准已不适合于风积沙的压实控制。为了充分发挥风积沙的路用性能，应该适当提高风积沙的压实标准。

2）风积沙击实机理

（1）风积沙在含水量极低或接近于最佳含水量时，击实后可获取较大的干密度，表明风积沙中的薄膜水、毛细水等对击实产生着不利的影响。通常，土在压实过程中主要克服其颗粒之间的黏聚力，因其摩擦力较小，但对于风积沙而言，在干燥的状况下颗粒之间的黏聚力很小而摩擦力较大，击实试验时沙层受到振动力的作用，不仅在垂直方向受力，而且在水平方向也受到派生力；此外，由于力是以振动波的形式传播，将使颗粒产生跳跃式位移，所有这些位移的方向总是朝着有孔隙的地方发展，从而使颗粒得到重新排列，沙层逐渐趋于密实。而当有一定水分时，分布于颗粒表面并在不同的颗粒之间连成一片的水膜将产生一定的连接力而使阻力增大，不仅影响颗粒间的位移而且使颗粒的跳跃减弱；再者，毛细水所产生的表面张力也阻止颗粒间位移，从而导致干密度相对降低。当含水量接近最佳含水量时毛细水消失，薄膜水也因其变厚而造成其连接力大大下降，另外水在振动作用下沿空隙排出也将对沙颗粒产生使其位移的作用力，结果其干密度有了较大的提高。

（2）虽然在含水量极低时击实出现较大的干密度，但含水量稍有增大即出现干密度的最低值。造成这种情况的原因在于存在一定的含水量而又较小时，颗粒之间的薄膜水较薄，形成的毛细水也在细小的孔隙处。薄膜水的连接力大，沙颗粒在水的作用下表面带电，在水膜中产生双层电，双层电的电动势也随距离的增大而消弱；毛细张力同样是在孔隙小时大，这样沙颗粒间的连接力较大故不易压实。其后，随着含水量的增加，水薄膜变厚，导致连接力下降，但毛细水增多又阻止了连接力的下降，毛细水的作用进一步增强，但当重力水大量出现时，沙样中的空气消失，毛细作用急速减小，从而导致沙颗粒间的连接力突然下降，干密度很快提高。

从以上分析可以发现,风积沙在较为干燥的状态下压实是可行的。但必须在含水量接近于0,控制在0.5%以内。

2. 风积沙的振动特性

1)风积沙的振动曲线(振动台试验)

众所周知,对于一种材料的最佳压实状态是外力的频率与材料的自振频率相同时,达到共振,最易压实。针对风干风积沙在固定振幅(0.5 mm)和振动时间(10 min)下,变换振动频率进行振动压实试验,其试验结果见图3.2。

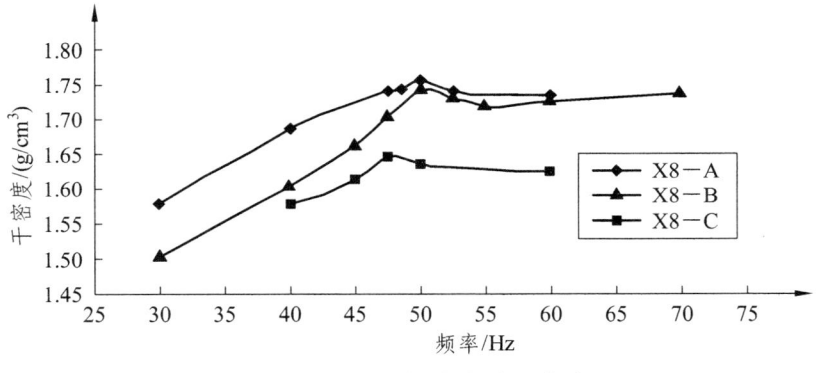

图3.2 风积沙振动台试验曲线

从图3.2可以看出:

(1)风积沙的自振频率在45~50 Hz之间。因此现场的碾压时,应该选择频率在45~50 Hz的振动压实机械,从而使较小的压实功获得较大的干密度。

(2)沙样XS-C由于粉、黏粒含量较大(19.1%),在振动过程中有大量的粉、黏粒飞出,致使振动曲线规律性差,这与振动台的使用范围有关。因此,振动台法不适用于粉、黏粒含量大于15%的风积沙,这和土工规范一致。

2)风积沙振动压实机理

振动压实是依靠机械静力和振动力的共同作用,振动以压力波的方式向土体内传递,并能达到较大的深度。在振动的往复作用下土粒间的内摩擦力急剧降低,并在静压作用下产生移动充填空隙而达到密实状态。因此,振动压实以其高效率、低成本及显著的压实效果等技术经济优势在公路建设中越来越多的得到应用。

目前,国内外对振动压路机的振动压实机理已经取得了一定的进展,土木工程界也提出了几种有关振动压实机理的观点,比较有代表性的有共振压实观点、重复冲击观点、土颗粒运动内摩擦力减小观点等。这些观点的主要内容分别是:如果压实土的固有频率和激振频率一致,则振动压实能达到最大的压实效果;振动在土体上产生周期性冲击作用,使土体密实;由于振动的影响,土的内摩擦力急剧减小,使土的剪切强度下降,因此只要很小的作用力就能很容易进行压实。这些观点从不同的角度对振动压实进行解释,各自可以解释某一类振动压实问题,但是不能全面解释各种振动压实现象。下面以室内试验为基础,参考国内外对黏土和沥青混合料的振动压实的研究成果,结合上述三种振动压实机理观点,探讨振动压实机理。

目前施工中常用的三种压实方法为滚压、夯实和振实;其压实作用见图 3.3。

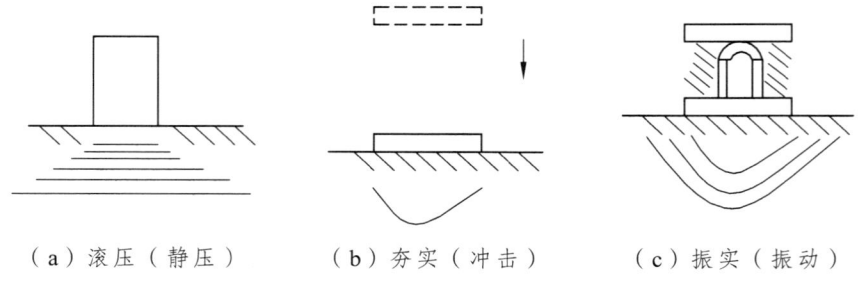

(a)滚压(静压)　　(b)夯实(冲击)　　(c)振实(振动)

图 3.3　不同压实方法作用示意图

对图 3.3 分析知,无论是静力压路机、振动压路机还是振荡压路机,其压实原理都是向被压材料加载,克服松散多相材料中固体颗粒间的内摩擦力、黏聚力,促使土颗粒发生位移或运动,相互靠近,排除土中的气体或液体,达到土体结构密实的目的。为此,一般从两方面分析:一方面是减小颗粒间的黏聚力和内摩擦力,即降低土壤的抗剪强度 τ_f,使土颗粒运动阻力减小,这实际上是内摩阻力减小观点;另一方面是对土颗粒施加压应力和剪切应力使土壤发生剪切破坏,或者增加颗粒的动能，以克服颗粒的黏聚力和内摩擦力，从而达到使颗粒位移或运动的目的，这实际上是重复冲击和共振观点。因此，可以认为，只有当土中的剪切应力 τ 大于土体的抗剪强度 τ_f 时，才能使土颗粒重新排列，土体被压实：

$$\tau_f < \tau \tag{3.4}$$

只要分析出振动对土体剪切应力 τ 和抗剪强度 τ_f 的影响，也就清楚了振动压实的机理。土体的抗剪强度常用库仑剪切强度理论来表示：

$$\tau_f = c + \sigma \mathrm{tg} \Phi \tag{3.5}$$

式中　τ_f ——土的抗剪强度；
　　　c ——土的黏聚力；
　　　σ ——土的法向应力；
　　　Φ ——土的内摩擦角。

通过对沙样直剪试验可知，风积沙的黏聚力基本为零，内摩擦角在 30°~40° 之间，且随着干密度的增大，内摩擦角增大。为了提高风积沙垫层的抗剪变形能力，应尽可能提高沙的干密度，而振动压实是目前获得较大密度的有效手段，因此采用振动压实法，在风积沙共振频率下对风积沙进行充分压实是解决风积沙压实的重要手段。

3. 风积沙的强度特性

1）承载比（CBR）

承载比是由美国加利福尼亚州公路局首先提出来的一种评价路基土和路面材料承载力的指标。在我国的沥青路面的设计中，虽以路基土和路面材料的回弹模量值作为设计参数，但不少单位特别是科研单位，为了参考国外有关 CBR 方面的资料，在寻求回弹模量与 CBR 的关系方面做了大量工作。

为了全面了解风积沙的强度特性，分别对干燥（以下简称状态 1）、泡水（状态 2）、饱和风干（状态 3）和最佳含水量（状态 4）等 4 种状况进行了 CBR 试验，试验结果见图 3.4~图 3.9。

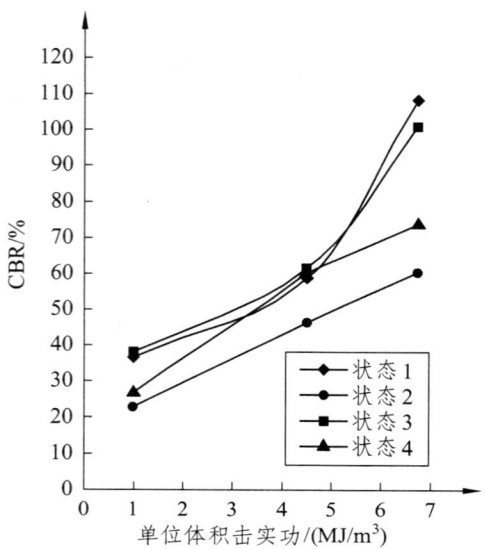

图 3.4　单位体积击实功~CBR 关系曲线（XS-A）

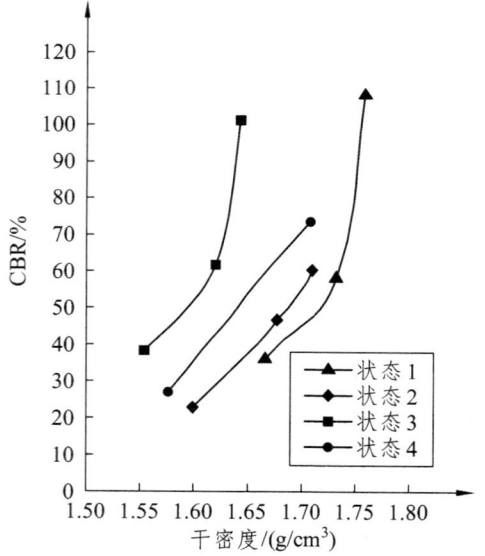

图 3.5　干密度~CBR 关系曲线（XS-A）

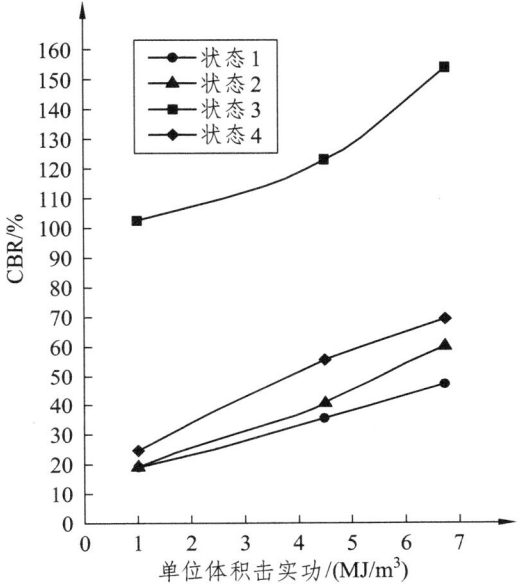

图 3.6 单位体积击实功～CBR 关系曲线（XS-B）

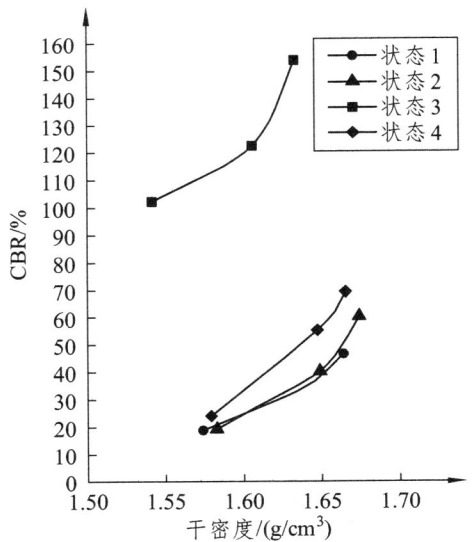

图 3.7 干密度～CBR 关系曲线（XS-B）

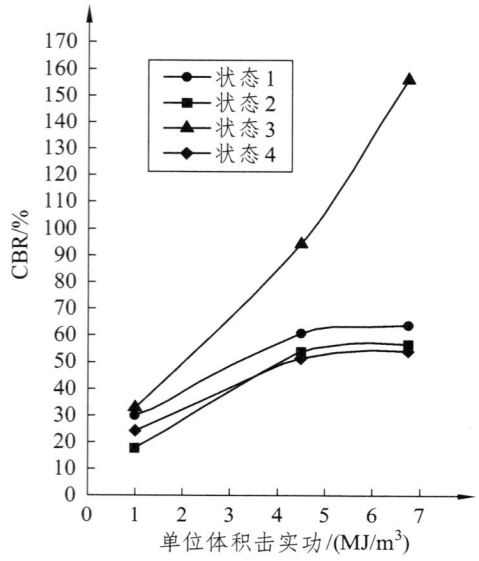

图 3.8 单位体积击实功~CBR 关系曲线（XS-C）

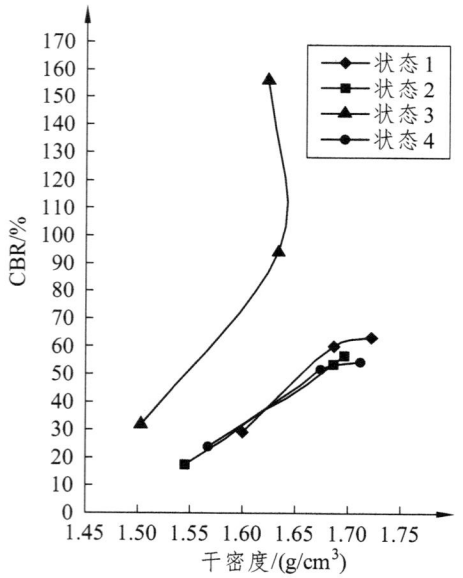

图 3.9 干密度~CBR 关系曲线（XS-C）

现对试验结果分析如下：

（1）无论在哪种情况下，随着击实功和干密度的增加，CBR 值明显增大。即单位体积内的空隙小，有效颗粒占多数，CBR 也越大。

（2）三种沙样在状态 3 下，CBR 值比其他三种状态下大，这说明在较为干燥及路基缺少水源补给的情况下，路基的强度增大较大。所以在此环境中采用饱水碾压，可以使路基在运行过程中随着水分的散失，路基强度就会大幅度的增大。

（3）在粉、黏粒含量小于 15%（如沙样 XS-A、XS-B）状态 1 下的 CBR 值均大于状态 2，但是两者相差较小，且随着粘、粉粒含量的增大而更趋于接近，当粉、黏粒含量大于 15%（如沙样 XS-C）时，则反之，这说明粉、黏粒含量对风积沙的影响是比较大的。但是其值随着粉、黏粒含量的增大而有减小的趋势。

（4）由于风积沙黏聚力为零，含黏性颗粒很少，其颗粒相对较大，因此，泡水试验后膨胀量很小。另外，风积沙的保水性很差，不同干密度下其膨胀量变化不大。

（5）风积沙干压实状态（干燥状态）和湿压实状态（最佳含水量）下都具有较高的 CBR 值，说明风积沙干压实和湿压实都具有较高的强度。

（6）由于风积沙的保水性很差，透水性较好，而且风积沙颗粒较黏性土大，因此，当试件在泡水时水分较易渗入，试样的强度下降很快，因此 CBR 值比不泡水的要低得多；但是一旦试件取出，水下渗很快，说明风积沙的透水性良好。

（7）不泡水的 CBR 值比泡水 4 d 后的 CBR 值高 50% 左右，由于风积沙具有较高的透水性，颗粒较大，即使风积沙具有较高的含水量，颗粒之间也很难形成水膜；另外，考虑兵团垦区（特别是塔克拉玛干沙漠）的实际情况：全年降水量很少，风积沙路基不会处于饱水状态，而潮湿状态下由于毛细水压力作用形成假凝聚力，风积沙路基强度将有所提高，风干状态可能是实际的最不利状态。因此，对于风积沙这种材料，规范中要求的泡水后进行贯入试验不太切合实际，建议进行不泡水的贯入试验。

2）回弹模量

（1）强度特性。

回弹模量值是路面结构设计中最主要的设计参数之一，它的大小直接影响到路面结构层的厚度及路基路面整体稳定性。在20世纪70年代，国内曾组织较大规模的回弹模量值测定，有关细砂的试验结果已纳入柔性路面设计规范中，其建议值为 60~70 MPa。为了更为准确地反映兵团垦区不同颗粒组成、不同条件下风积沙回弹模量值，为兵团垦区的公路建设提供依据，针对不同颗粒组成的风积沙进行了不同击实功、不同条件下的回弹模量试验。

根据新疆特有的地理环境及气候条件，为了取得较为实用的风积沙回弹模量值，针对具有代表性的沙样，采用三种击实功、在风干（状态1）、浸水（状态2）及饱和风干（状态3）、最佳含水量（状态4）的4种状态36种情况，进行回弹模量试验，试验结果见图3.10~图3.15。

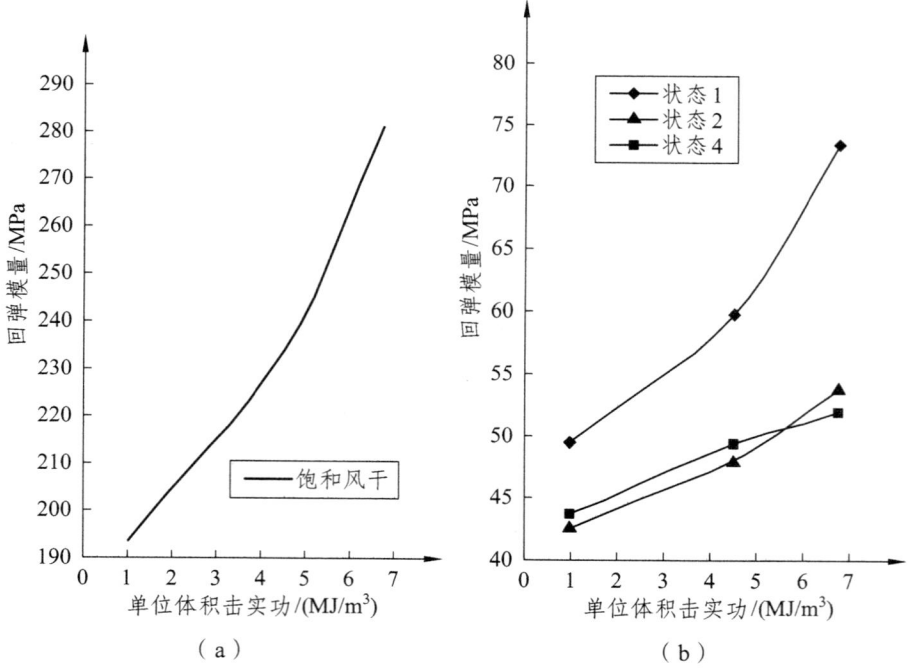

图 3.10　单位体积击实功~回弹模量关系曲线（XS-A）

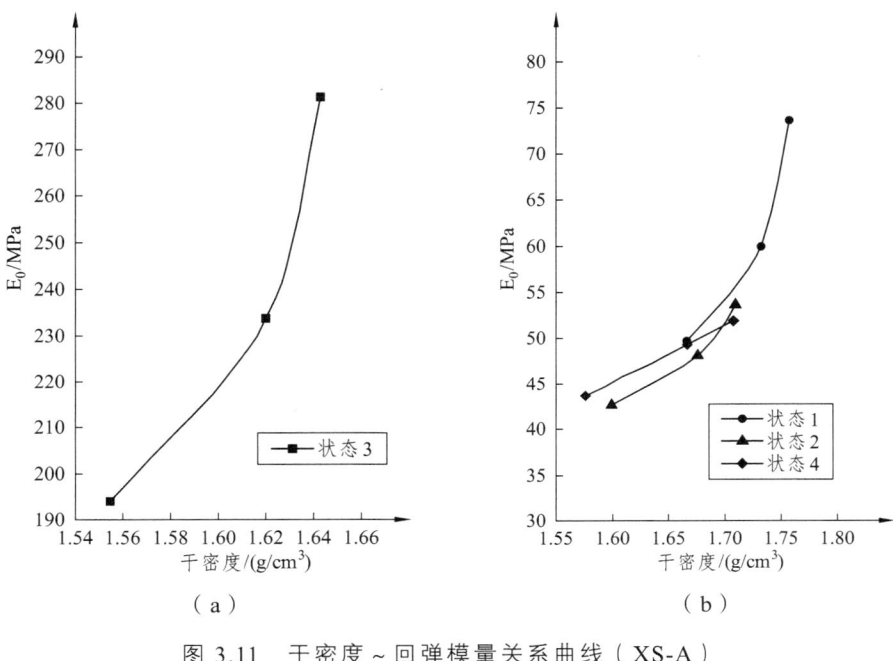

图 3.11 干密度~回弹模量关系曲线（XS-A）

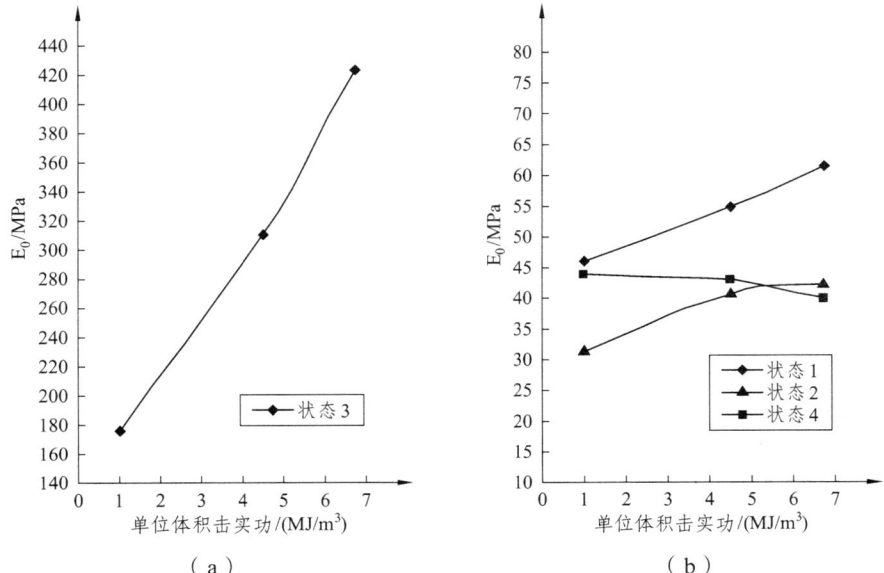

图 3.12 单位体积击实功~回弹模量关系曲线（XS-B）

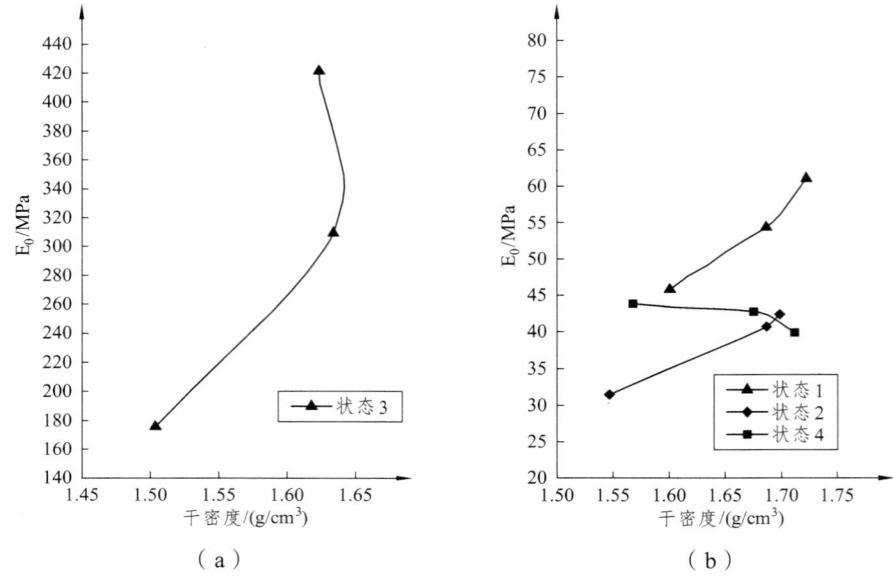

图 3.13 干密度~回弹模量关系曲线（XS-B）

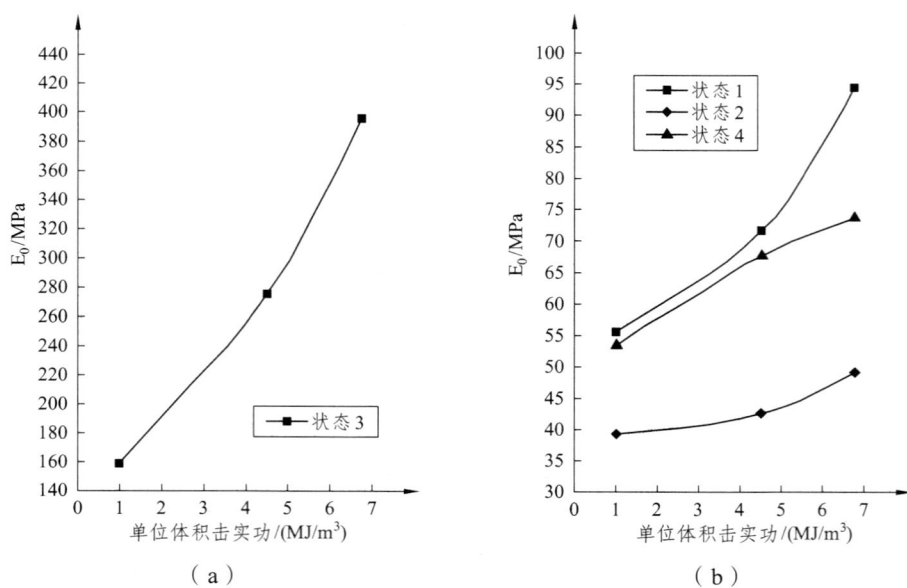

图 3.14 单位体积击实功~回弹模量关系曲线（XS-C）

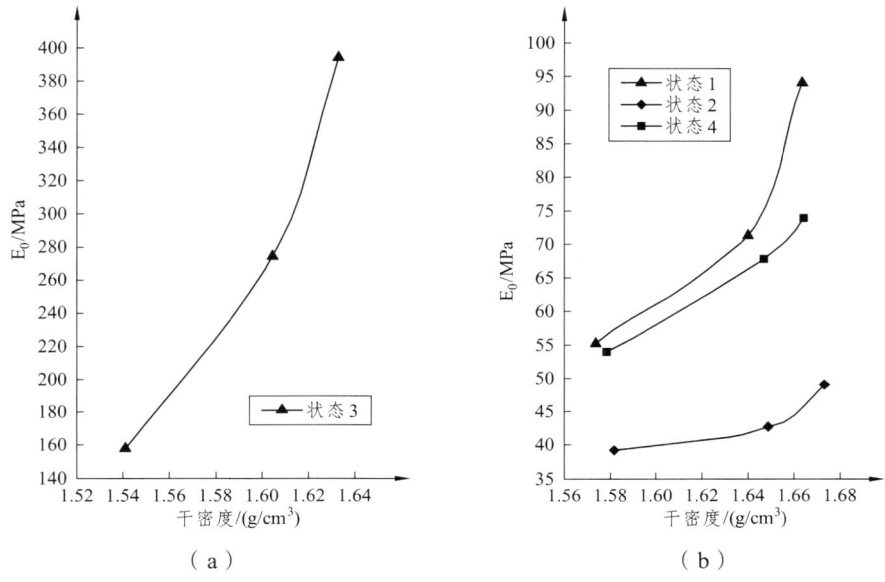

图 3.15 干密度～回弹模量关系曲线（XS-C）

试验结果表明：

① 通过前面的击实试验可知风积沙的最大干密度变化幅度不大,很容易达到现行规范要求的压实度,为了充分发挥风积沙的强度特性,在现场施工中应提高风积沙的压实度标准,增大压实功,提高风积沙的密度,已达到提高其强度的目的。

② 风积沙在风干状态（状态1）下,回弹模量值均大于浸水状态（状态2）,这说明在干旱的地域采用干压实能够发挥风积沙的力学性能。新疆特殊的干旱气候条件,特别是沙漠周边地区水源短缺,采用干压法对于发挥风积沙的强度性能是可行的。

③ 沙样在饱和风干状态（状态3）下,回弹模量比其他状态大,这说明在蒸发量大、地下水源补给困难的地区采用饱和状态下碾压,可以使风积沙垫层的强度得到大幅度增大。垦区大部分灌溉渠道纵横交错,为湿压风积沙创造了条件,而新疆特有的蒸发量大于降水量的气候条件,对于湿压成型的风积沙路基必定存在运行过程中的失水现象,这对于提高风积沙路基的运行强度是有利的。因此这就是建议在垦区筑路时采用湿压法施工工艺的一个主要原因。

（2）室内回弹模量试验。

根据《公路沥青路面设计规范》(JTJ 014—2017)中规定，材料的回弹模量值应考虑不利季节、不利年份的影响，乘以折减系数 λ。由于在风积沙地区地下水位较低，一般在 5 m 以下，路基大部分都处于干燥状态，所以折减系数 λ 取为 0.9。为了进一步了解风积沙的强度，对垦区内不同级配风积沙进行了回弹模量试验。其结果汇总如表 3.8 所示。

表 3.8　风积沙回弹模量汇总表　　　　　　　　　　MPa

风沙类别	样本数	最大值		最小值		平均值	
		折减前	折减后	折减前	折减后	折减前	折减后
SP	6	93.12	83.81	69.28	62.35	78.27	70.44
SF	6	87.43	78.89	52.44	47.20	72.74	65.47
SM	6	79.70	71.73	49.70	44.73	67.05	60.34

通过表 7 可知，在较为干燥的路基状态，风积沙的回弹模量值在最佳含水量状态下的取值范围：SP 类风积沙为 60 ~ 82 MPa，SF 类风积沙为 47 ~ 78 MPa，SM 类风积沙为 45 ~ 71 MPa。

（3）不同含水量下的回弹模量试验。

对于一般路基在地面水和地下水的作用下，其强度将明显的降低。所以通过室内试验对风积沙路基的水稳性进行研究，以分析风积沙在不同含水量条件下回弹模量值的变化规律。试验结果见图 3.16。

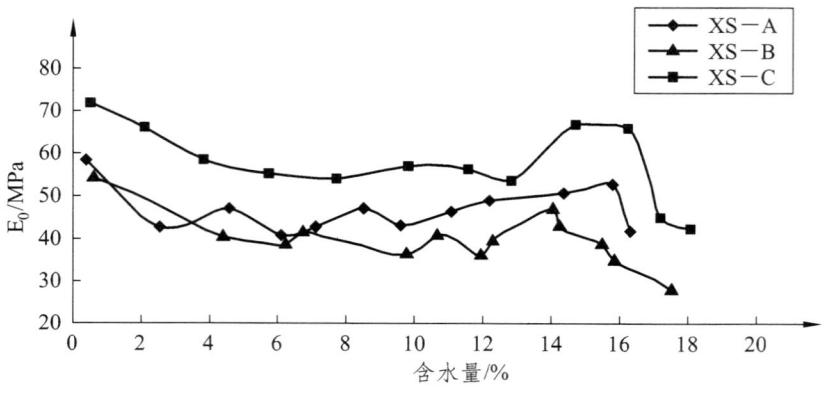

图 3.16　含水量 ~ 回弹模量关系

通过图 3.16 可知：

① 随着风积沙粉、黏粒含量的增大，其强度对于水的敏感性增大，回弹模量值降低较快。回弹模量的最小值出现在饱和含水量处，而在干燥状态处，回弹模量值达到了最大。

② 当粉、黏粒含量较小时，风积沙（如 XS-A，粉、黏粒含量小于 5%）的水稳性较好，可用于任何路段。因此，在施工中尽量采用粉、黏粒含量较少的风积沙。

③ 对于粉、黏粒含量较大的风积沙，一般情况下采用湿压方式，使路基的强度不至于降低很大，而在运行过程中路基的回弹模量随着水分的减少将增大。在路基比较干燥、地下水位低、降水量少的地区使用风积沙时，可通过干压实来提高风积沙的强度，以便利用风积沙在干燥状态下回弹模量值较高的特性。

④ 从整体上看，风积沙的水稳性是比较好的，受水影响后回弹模量降低不多（相对于黏土、粉土），是比较好的筑路材料。

（4）沙基回弹模量。

在野外大型试槽试验和古新干线一标段试验段施工中，对湿压实风积沙路基运用承载板法测其回弹模量，试验结果见表 3.9。

表 3.9　风积沙回弹模量试验结果

沙样编号	应用工程	室内回弹模量/MPa	现场回弹模量/MPa			备注
			最大值	最小值	平均值	
GX-3	古新干线	62.42	90.10	80.20	84.44	沙基
SC-1	野外试槽	73.12	67.82	61.01	63.18	填风积沙 90 cm
SC-2	野外试槽	52.44	52.67	47.39	50.84	

由表 3.9 可知：风积沙沙基具有较高的承载能力（如 GX-3），回弹模量 E_0 的最大值高达 90.10 MPa，即使最小值也达 80.20 MPa，远大于室内 E_0 值。在风积沙填筑厚度为 90 cm 时，现场实测 E_0 值也接近室内值，均远大于兵团垦区一般路基土的设计土基回弹模量值 30 MPa，说明风积沙是垦区筑路的良好材料。

3.3 沙漠地区公路设计

沙漠公路勘测工作应在前期阶段工作的基础上认真分析公路对周围环境可能产生的影响，通过合理布线和采取相应措施，保护沿线生态环境。

在各个设计阶段，当需要进行方案比较时，应对各方案进行同深度的勘测与调查，所谓同深度指不同方案中的范围、内容、方法及精度等各方面的工作都要达到同样的深度、不能正线采用 1/10 000 地形图作方案，而比较方案采用 1/2 000 地形图作方案，或正线实测，而比较线不是实测，正线工程数量为计算，而比较方案为估算等。

公路勘测作业方法除应使用规范规定的各种方法外，宜尽可能采用新技术、新设备、新方法，如：（全球卫星定位系统）GPS 定位测量，GPS 高程测量，（地理信息系统）GIS 和（航测数字图像系统）RS 等，以提高公路勘测效率、质量和水平。

公路勘测工作，应按有关规定对全过程进行质量控制。实践证明：建立健全质保体系，加强工序管理，进行事先指导，中间检查与成品验收与管理办法是提高公路测设质量的重要保证。

1. 概　述

路线设计应在公路建设项目工程可行性研究报告所选定的路线走向与主要控制点的基础上，先作出总体设计，再应用主要技术指标进行路线方案论证、比选，确定合理的设计方案。

当采用不同的技术指标或设计方案对工程造价、自然环境、社会效益等有较大影响时，应作同等深度的多方案技术经济比较。

路线设计应根据公路的等级及其在公路网中的作用，根据沙漠公路自然区域，按照公路工程所在地自然区划特点，地形地貌特性，沙丘形态，风力与风向，合理利用地形，充分考虑风沙自然灾害并注意环境保护，正确运用技术标准，保证线形的均衡性，做到路域与自然环境及宏观地貌相协调，在条件容许的情况下，应尽量选用较高的技术指标，以提高公路的使用质量，适应当地经济持续发展的需要。

路线设计中应注意与其他运输方式（铁路、管道等）的配合协调，结合地形、地质、水文、气象、筑路材料等自然条件，通过综合研究，认真进行方案比选。

路线设计中，对公路的平、纵、横三个方面应进行综合设计，协调一致做到平面顺适、纵坡均衡、横面合理，保持线形在视觉上的连续性和在心理上的安全、舒适感，并且注意与路线环境相协调。

路线穿越城镇，对公路的通行能力和行车安全影响极大，设计时应注意公路网与城镇交通规划之间的联系，避免相互干扰。干线公路应避免穿过城镇。

2. 公路分级与等级的选用

1）公路分级

公路根据交通量及其使用功能和性质分为五个等级。

高速公路：专供汽车分向、分车道行驶并应全部控制出入的多车道公路。一般能适应将各种汽车折合成小客车的年平均昼夜交通量为：四车道——25 000 ~ 55 000 辆；六车道——45 000 ~ 80 000 辆；八车道——60 000 ~ 100 000 辆；为具有特别重要的政治、经济意义，专供汽车分道高速行驶并全部控制出入的公路。

一级公路：供汽车分向、分车道行驶并可根据需要控制出入的多车道公路。一般能适应将各种汽车折合成小客车的年平均昼夜交通量为：四车道——15 000 ~ 30 000 辆，六车道——25 000 ~ 55 000 辆；为连接重要政治、经济中心通往重点工矿区、港口、机场，专供汽车分道高速行驶并部分控制出入的公路。

二级公路：供汽车行驶的双车道公路，一般能适应将各种汽车折合成小客车的年平均昼夜交通量为 5 000 ~ 15 000 辆，为连接政治、经济中心，通往大工矿区、港口、机场等地专供汽车行驶的公路。

三级公路：主要供汽车行驶的双车道公路，一般能适应将各种汽车折合成小客车的年平均昼夜交通量为 2 000 ~ 6 000 辆以下，为沟通县以上城市的公路。

四级公路：主要供汽车行驶的双车道或单车道公路，一般能适应将各种汽车折合成小客车的年平均昼夜交通量为双车道——2 000 辆以下，单车道 400 辆以下，为沟通县、乡（镇）、村等的公路。

2）设计速度

设计速度是确定公路几何形状的基本要素，它作为技术指标直接决定各级公路汽车行驶的最小平曲线半径、最大纵坡、视距等几何线形要素，同时还与公路的重要性、经济性有关，是用来体现公路等级的一项指标。按"公路工程技术标准"规定各级公路的设计速度如表 3.10。

表 3.10 各级公路设计速度

公路等级	高速公路			一级公路			二级公路		三级公路		四级公路
设计速度/（km/h）	120	100	80	100	80	60	80	60	40	30	20

"沙漠地区公路建设成套技术研究"结果，提出实际运行速度的理念，因为沙漠公路等级大多为二级、三级，其上设计车速为 80 km/h, 60 km/h, 40 km/h，但调查资料（见表 3.11）显示小汽车平均行驶速度在 90~120 km/h。公路工程技术标准关于设计车速的规定不能满足实际运行的需要。因此，该研究建议：对于沙漠公路平曲线线形指标计算时，采用实际运行的小汽车车速设计，纵坡则以重车实际运行情况确定。

表 3.11 沙漠公路车速统计表　　　　　　　　　　km/h

地形地貌	固定、半固定沙漠		流动沙漠			
	平坦沙地		平坦沙地		高大沙垄沙山	
设计车速	80		80		60	
车型	小车	大车	小车	大车	小车	大车
实际平均车速	91.63	65.30	106.07	67.64	96.15	58.81
调查最高车速	142.00	103.00	120.00	75.80	112.40	66.00

3）公路服务水平

（1）公路服务水平的划分。

公路交通服务水平是描述交通流的运行条件及其对驾驶员与乘客感

受的一种质量标准,一般与运行速度和行驶时间、驾驶自由度、交通密度、舒适、方便和安全有关。

"公路工程技术标准"将服务水平划分为四级,各级公路设计采用的服务水平见表 3.12,其中,四级公路主要服务于地方经济,服务水平未作规定:

表 3.12　各级公路设计采用的服务水平

公路等级	高速公路	一级公路	二级公路	三级公路	四级公路
服务水平	二级	二级	三级	三级	—

一级服务水平:交通量小,驾驶员能自由或较自由地选择行车速度并以设计速度行驶,行驶车辆不受或基本不受交通流中其他车辆的影响,交通流处于自由流状态。

二级服务水平:随着交通量的增大,速度逐渐减小,行驶车辆逐渐受到别的车辆或行人的干扰较大,驾驶员选择行车速度的自由受到一定限制,交通流处于稳定流的中间范围,有拥挤感。

三级服务水平:当交通需求超过二级服务水平对应的服务交通量后,驾驶员选择车辆运行速度的自由度受到很大限制,行驶车辆受别的车辆或行人的干扰很大,交通流处于稳定流的下半部分,并已经接近不稳定流范围,流量稍有增长,就会出现交通拥挤,服务水平显著下降。

四级服务水平:交通流继续增大,行驶车辆受别的车辆或行人的干扰更加严重,交通流处于不稳定流状态,接近下限时,每小时可通行的交通量达到最大值,驾驶员已无自由选择速度的余地,交通流变成强制流状态。

服务水平划分为四级,是为了说明公路交通负荷情况,以交通流状态为划分条件,定性地描述交通流从自由流、稳定流到饱和流和强制流的变化阶段。采用四级服务水平,以评价公路交通的运行质量。

划分服务水平所用的指标:

高速公路、一级公路以车流密度作为主要指标;

二级、三级公路以延误率和平均运行速度作为主要指标;

(2) 各级公路的服务水平。

交通服务水平是描述交通流内的运行条件及其对驾驶员与乘客感受

的一种质量标准，一般与运行速度和行驶时间、驾驶自由度、交通密度、舒适、方便和安全有关。

4）公路等级的选用

公路等级应根据公路功能、路网的规划和远景交通量，并充分考虑项目所在地区的综合运输体系远期发展经论证后确定。选用时应注意：

（1）首先要做好预可行性研究，掌握该公路各路段的远期、近期交通量，远期设计年：一级公路为20年，二级和三级公路为15年，四级公路可根据实际情况确定。

（2）确定一条公路的等级，应首先确定该公路的功能：是干线公路还是集散公路，即属于直达还是连接，以及是否需要控制出入等，然后根据预测交通量初拟公路等级；再结合地形、交通组成等确定设计速度、路基宽度。

（3）沙漠地区公路一般为二、三、四级：

二级公路也有两种功能，即作为干线的公路或集散公路，根据其不同的功能和交通组成等可确定是否设置慢车道以及其他设施。

三、四级公路是为满足通达要求和接入服务的支线公路、允许混合交通，可采用较低的设计速度和服务水平，在人烟稀少的地方则可采用较高的设计速度。

（4）一条公路可根据交通量等情况，分段采用不同的公路等级或同一公路等级不同的设计速度、路基宽度，但不同公路等级、设计速度、路基宽度间的衔接应协调，过渡应顺适。

3. 选　线

1）概　述

公路选线是在公路规划路线起、终点之间选定一条技术可行、经济合理、又能符合使用要求的公路中心线工作，是一项涉及面广，影响因素多，政策性和技术性都很强的工作。它是由面到带，由带到线，由浅入深，由轮廓到具体逐步补充、修改和提高的过程。

选线应包括确定路线基本走向、路线走廊带、路线方案至选定线位的全过程。路线基本走向——指由路线控制点所决定的大的路线方案。

路线控制点可以是路线起终点，必须连接的城镇、工矿企业以及特定的特大桥梁、特长隧道、互通式立体交叉、铁路交叉等的位置，其中路线起、终点，必须连接的城镇、工矿企业以及特定的特大桥、特长隧道等的位置是项目建议书中指定的路线必经之地，也是最主要的控制点，即路线基本走向的控制点。

路线走向——在路线基本走向控制点间，还有若干对路线方案起一定控制因素的点或位置，如大桥、长隧道、互通式立体交叉、铁路交叉等位置，河流的哪一岸，城镇的某一侧，同一山岭的哪一垭口，垭口的哪一侧展线等。这些控制点都将决定路线的局部方案，因此由这些控制点所决定的路线方案即称为路线走向。

不同的设计阶段选线的工作内容易应各有所侧重，后一阶段是前一阶段的延续和深化。随着勘察、设计工作的深入，应复查并优化前一阶段的路线方案，使路线线位更完善。

2）选线原则

选线应考虑的因素很多，且变化很大。同一条件下，往往随设计人员的经验，水平与方法不同，其设计可能各异，故只能通过实践，不断取得经验，总结提高。根据现有经验得出的选线中应遵循的一般原则如下：

（1）应针对路线所经地域的生态环境、地形、地质的特点与差异，按拟定的各控制点由面到带，由带到线，由浅入深，由轮廓到具体，运用各种先进手段对路线方案做深入细致的比较、优化与论证。同一起点、终点的路段内有多个可行路线方案时，应对各设计方案进行同等深度的比较。

（2）安全舒适和经济快捷相结合。在兼顾防沙和行车两方面安全前提下，使工程数量小，造价低，营运费用省，效益好，并有利于施工和养护。在不过多增加造价的情况下，应尽量采用较高的技术指标，不应轻易采用最小指标或低限指标，也不应片面追求高指标。

（3）注意生态环境保护和可持续发展，力求在沙漠公路建设中即改善生态环境又得到防沙效益，保持公路畅通。在生态敏感区做到环保选线，取得最佳生态效益和良好的社会效益。

（4）与地形条件相互协调，充分利用有利地形，尽可能使原地面自然状态的变化程度减至最小。

（5）直穿与合理绕避相结合。应对路线所经区域、走廊带及其沿线沙漠、工程地质、水文地质进行深入调查，查清其对公路的影响程度。对于风沙堆积严重地段及工程、水文地质不良地段应慎重对待，灾害严重地区应绕、避。当必须穿过时，应选取合适位置：如沙害较轻的地带（如河流两岸、湖盐滩地）、沙漠前沿的固定，非固定沙丘地带，沙地下有古河床的地带及地下水溢出的地带，或缩小穿越范围并采取必要的措施。

（6）路线设计与防沙工程相结合，尽量使路线方向与主导风向平行或锐角相交，使沙害程度减至最小。在有树林、灌丛、草木植被带或固定半固定沙地选线，应采取措施保护固沙植物及各种植被的生存条件。

4. 线形设计

1）概　述

公路线形是指由公路平、纵、横三个方面组成的立体形状。设计时应同地形、地物、景观、视觉相协调。既要满足车辆行驶的要求，保证汽车行驶的安全舒适，在营运上达到经济合理，还应注意驾驶者的视觉心理方面的要求。

线形设计的要求与内容应随公路功能和设计速度的不同而各有侧重：

高速公路和具有干线功能的公路（设计车速≥60 km/h的公路）应注重主体线形设计，做到线形连续、指标均衡、视觉良好、景观协调、安全舒适。设计速度愈高，线形设计组合所考虑的因素愈应周全，以提的高服务质量。

具集散功能的一、二级公路，应根据混合交通情况确定公路横断面设计，并注重路线交叉口等处的线形设计组合，以保障通视良好，行使通畅、安全。设计车速为≤40 km/h 的双车道公路，首先应在保证行驶安全的前提下，正确地运用线形要素规定值（包括最大最小值），力求做到各种线形要素的合理组合，并尽量避免和减轻不利的组合，或采取设置相应交通工程设施等技术措施，以期充分发挥投资效益。

遵循以设计路段确定公路等级、设计速度的原则，其设计路段的长度不宜过短，且线形技术指标应保持相对均衡。

2）平面线形设计

（1）沙漠公路的平面线形，应按公路等级并结合沙漠地区的特殊环境进行设计。最佳的平面线形是汽车行驶舒适、协调、安全，且能够获得较高的经济、社会效益的长直线、大半径平曲线线形。

（2）平面线形应直接、连续、均衡，并与风沙地貌、地形、地物相适应，与周围环境相协调。

（3）为减轻平曲线段的公路沙害，应尽量选用较大半径的平曲线。

（4）同向曲线间设足够长度直线，以不小于设计速度（km/h 计）的 6 倍为宜（单位 m），不得以短直线相连，否则应调整线形，设置为单曲线或复曲线。

（5）两反向曲线间夹有直线段时，其最小长度（以 m 计）以不小于设计速度（以 km/h 计）的 2 倍为宜，否则应调整线形设置为 S 形曲线。

3）直线的运用

（1）选用直线线形时，应注意同路线所处地段，风沙地貌及周围环境的协调与配合，并考虑驾驶者视觉、心理状态合理布设。

（2）长直线最大长度以不超过 10 km 为宜。当采用长直线时，为弥补景观单调乏味的缺陷，应在长直线之间适当距离增设醒目标志，刺激视觉神经，减轻驾驶员和乘客的疲乏。

（3）直线线形不宜过短，其最小长度为：

当设计速度≥60 km/h 时，同向曲线间最小直线长度（以 m 计）以不小于设计速度（以 km 计）的 6 倍为宜；反向曲线间最小直线长度（以 m 计）以不小于设计速度（以 km 计）的 2 倍为宜。

当设计速度≤40 km/h 时，可参照上述规定执行。

（4）微丘区风沙地貌、地形和重丘区的梁窝状沙地，其沙丘（沙垄）相对高差小于 20 m 时，为争取路线短捷和减轻沙害，以采用长直线的形式为宜。

（5）当采用长直线时，纵坡不应过大；长直线或长纵坡尽头的平曲线，其半径不应过小，还必须采取设置标志增加路面抗滑能力等安全措施。

（6）双车道公路为超车所提供的路段宜采用直线线形。

4)圆曲线的运用

各级公路不论转角大小,均应设置平曲线,而圆曲线是平曲线中的主要组成部分。具有易于与地形相适应,可循性好,线形美观,易于测设等优点,使用十分普遍。

(1)圆曲线半径。

汽车在曲线上行驶时,由于离心力的作用,其横向稳定性将受到影响(滑移、倾覆)。离心力的大小与公路曲线半径密切相关,而圆曲线半径的大小又与车辆速度、横向力系数、路面的横坡有关。

(2)圆曲线最小半径。

圆曲线最小半径包括一般最小半径、极限最小半径和不设超高的最小半径,沙漠公路在地形平坦,工程量增加不多的不受限路段,平曲线半径宜采用较高的指标;对于公路纵横线形指标(平曲线半径、纵坡度、坡长等)受到地形地貌、环境、地质或资金等方面的制约或限制的路段可适当采用较低值。各级沙漠公路圆曲线最小半径推荐值见表3.13。

当直线与半径小于表中所列不设超高圆曲线最小半径相衔接处,应设置缓和曲线进行连接。我国公路工程标准规定缓和曲线采用回旋线。

表3.13 各级沙漠公路圆曲线最小半径推荐值

	设计速度/(km/h)	120	100	80	60	40	30	20
不受限路段	最小半径/m	1 000	900	700	600	500	500	500
	不设超高最小半径/m	5 500	4 000	4 000	3 500	2 500	2 500	2 500
受限路段	最小半径/m	1 000	700	400	200	100	65	30
	不设超高最小半径/m	5 500	4 000	2 500	1 500	600	350	150

(3)在微丘区风沙地貌、地形和重丘区风沙地貌、地形,其沙丘(沙垄)相对高差小于20 m的地段,应选用较大的曲线半径。平曲线半径越小,公路性能越差,根据经验平曲线半径一般应在400 m以上。

(4)在确定曲线半径时,应同相衔接路段的平、纵线形要素相协调,使之构成连续、均衡的曲线线形,并避免小半径圆曲线与陡坡相重会的线形。

(5)平曲线应尽量设在开阔平坦的地区。

4. 路线纵断面设计

1) 概 述

公路的纵断面指通过公路中线的竖向剖面。它主要反映路线起伏、纵坡与原地面的切割等情况。公路纵断面线形应根据公路的性质、任务、等级和地形、地物、地质、水文等因素，考虑路基稳定、排水及工程量等的要求，对纵坡的大小、长短、前后纵坡的情况、竖曲线半径大小以及与平面线形的组合关系等进行组合设计。

对于纵断面上的设计标高，即路基设计标高，《公路路线设计规范》(JTG D20—2015) 有以下规定：

(1) 新建公路的路基设计标高：高速公路和一级公路宜采用中央分隔带的外侧边缘标高；二、三、四级公路采用路基边缘标高。在设置超高、加宽路段为设超高、加宽前该处边缘标高。

(2) 改建公路的路基设计标高：宜按新建公路的规定执行，也可视具体情况而采用中央分隔带中线或行车道中线标高。

纵坡设计是路线设计中的重要内容，其中纵坡的大小直接影响路线长短，行车安全、运输成本和工程的经济性。设计公路纵坡时，为保证车辆能以适当的车速在公路上行驶，即上坡时顺利，下坡时不致发生危险的纵坡最大限值为最大纵坡度。研究表明：随着纵坡增大，每提高速度 1 km/h 的油耗和每增加 1 t 货物的油耗急剧增加。特别是纵坡坡度大于 7% 时尤为突出。因此各级沙漠公路最大纵坡不大于表 3.14 的规定：

表 3.14 各级沙漠公路最大纵坡推荐值

设计速度/(km/h)	120	100	80	60	40	30	20
不受限路段最大纵坡/%	3	3	5	5	6	6	7
受限路段最大纵坡/%	3	4	5	6	7	8	9

但是考虑到我国交通组成中，在较长的时间内，仍将以"解放"和"东风"这类载重汽车为主，所以当汽车交通量较大时，各级公路宜尽量采用较小的纵坡。在沙漠地区，除非高大沙山，工程量太大，一般情况下不宜采用 5% 以上的纵坡。对最大纵坡应慎重。

至于公路最小纵坡，为保证路面排水，其纵坡不宜小于 0.3%。横向排水不畅的路段或长路堑路段，采用平坡（0%）或小于0.3%的纵坡时，其边沟应作纵向排水设计。

纵坡路段长度不宜过短，长度过短，使变坡点增多，汽车行驶起伏频繁将影响行车顺适与线形美观。各级沙漠公路纵坡的最小坡长推荐值见表3.15。

表3.15　各级沙漠公路最小坡长推荐值

设计速度/（km/h）	120	100	80	60	40	30	20
受限路段最小坡长/m	300	250	200	150	120	100	60
不受限路段最小坡长/m	300	250	250	250	250	250	250

纵坡坡段长度也不宜过长。试验表明：载重汽车在纵坡上行驶时，存在一个稳定车速，与之相对应的有一个稳定坡长，从运行质量看，纵坡长度不宜超过稳定坡长。而稳定坡长的长短取决于车辆的动力特性。装载、油门的开启程度，滚动阻力系数及档位等。最大坡长不宜大于表3.16的推荐值，对设计车速为80 km/h的公路，一般微丘地貌和高大复合型沙山不受限路段沙漠公路最大纵坡长不宜大于400 m，高大复合型沙山等受限路段最大纵坡坡长不大于500 m。

表3.16　沙漠公路不同纵坡最大坡长推荐值

设计速度/（km/h）		120		100		80		60		40		30		20	
		受限段	不受限段	受限段	不受限段	受限段	不受限段	受限段	不受限段	受限段	不受限段	受限段	不受限段	受限段	不受限段
纵坡坡度 %	3	900	800	1 000	900	1 100	900	1 200	1 000						
	4	700	500	800	600	900	700	1 000	800	1 100	1 000	1 100	1 000	1 200	1 000
	5			600	400	600	400	600	600	900	600	900	700	1 000	800
	6					500		600	600	700	500	700	500	800	600
	7									500		500		600	400
	8									300		300		400	

应该注意，上述坡长是指变坡点间水平直线距离。

当汽车行驶在纵坡变坡点时，为了缓和因车辆动能变化而产生的冲击和保证视距，必须插入竖曲线。竖曲线宜采用圆曲线，其竖曲线最小半径与竖曲线长度规定如表3.17。

表3.17 竖曲线最小半径与竖曲线最小长度

设计速度/（km/h）		120	100	80	60	40	30	20
凸形竖曲线最小半径/m	不受限段	17 000	10 000	10 000	4 500	4 500	4 500	4 500
	受限段	11 000	6 500	3 000	1 400	1 400	1 400	1 400
凹形竖曲线最小半径/m	不受限段	6 000	4 500	4 500	3 000	3 000	3 000	3 000
	受限段	4 000	3 000	2 000	1 000	1 000	1 000	1 000
竖曲线最小长度/m	不受限段	100	85	70	70	70	70	70
	受限段	100	85	70	50	50	50	50

注：在沙漠地区，竖曲线段积沙现象较普遍。故应多用凹形竖曲线，且其半径尽量采用大值。

2）纵面线形设计

纵向线形设计涉及直坡线与竖曲线这两种线形要素的运用与组合，以及对纵坡的大小和长短、前后纵坡的协调、竖曲线半径大小及与平面线形的配合等有关问题。

（1）一般原则。

① 纵面线形是否平顺，对行驶者而言，在视觉上是影响线形质量好坏的主要因素。纵向线形的驼峰、暗凹、跳跃。断背和折曲等会造成驾驶者视觉中断。因此纵面线形应平顺、圆滑、视觉连续并与风沙地貌地形相适应，与周围环境相协调，避免短距离内出现频繁剧烈的起伏。

② 纵坡设计应考虑填挖平衡，并利用挖方就近作为填方，以减轻对自然地面横坡与环境的影响。

③ 上、下相邻纵坡较大路段，对于凸形竖曲线时，其顶部应少挖为主。对于凹形竖曲线，尽量提高底部高程，使其平顺相接。

④ 相邻纵坡的代数差小时，竖曲线的半径应尽可能大些，使驾驶者的视觉感到协调。匀顺。

（2）纵面线形要素的运用。

① 纵坡值的运用。

纵坡坡度一般以平、缓为宜，最大纵坡与不同纵坡最大坡长一般不宜采用。因为大于3%的纵坡路段的事故率是缓坡路段的2~3倍，甚至更高。而且能耗急剧增加，大气污染也随之变得严重。对于载重汽车而言，车速也会明显降低。但是最小纵坡不宜小于0.3%。

采用平坡（0%）或小于0.3%的纵坡路段，应作专门的排水设计。

② 纵坡设计要求。

直线段的纵坡，应根据公路等级和各种地形特点，设计成坡度缓和而平顺的纵面线形。沙漠地区各种地形应注意以下几点：

路线通过一般沙地及中、高度沙丘，沙垄分布段的纵坡，尽量顺应自然地形，采用填、挖方平衡或填方略大于挖方的设计。

路线通过高大的复合型沙丘体时，应顺应自然地形，适当采用深挖高填方设计。尽量使其填挖方平衡，并控制挖方的路堑长度，以不超过200 m为宜。

若沙丘或沙垄顶部地形起伏，且锯齿状交错，相对高差较大，则可高填深挖，并尽量做到填挖平衡。

路线通过移动速度较快的低矮新月形沙丘分布地段，其纵断面高程应与沙丘平均高度持平或略高于沙丘平均高度30 cm为宜。

路线通过胡杨林地及其他植物生长地段，应尽量维护各种植物的生存条件。纵断面高程不宜太高。应集中取土，利用附近裸露的风积沙丘。

③ 竖曲线的运用。

纵面线形的优劣在很大程度上取决于竖曲线半径和长度的大小，因此设计速度大于或等于60 km/h的公路，竖曲线设计宜采用长的竖曲线和长直线坡段的组合。有条件时，应采用视觉需要的最小竖曲线半径（表3.18）。

表3.18 视觉所需要的最小竖曲线半径值

设计速度/（km/h）	竖曲线半径/m	
	凸 形	凹 形
120	20 000	12 000
100	16 000	10 000
80	12 000	8 000
60	9 000	6 000

竖曲线应选用较大的半径。以利于视觉和美观。当条件受限制时，宜采用大于或接近于竖曲线最小半径的"一般值"；地形条件特殊困难而不得已时，方可采用竖曲线最小半径的"极限值"。

5. 横断面设计

1) 概 述

公路的横断面是指中线上各点的法向切面。它是由横断面设计线和地面线所构成的。横断面设计包括：行车道、分隔带、路肩、边沟、边坡、截水沟、护坡道以及取土坑、弃土坑、环境保护措施等。路线设计中的横断面设计只限于与行车直接有关的部分，即各组成部分的宽度、横向坡度等。

公路横断面的组成和各部分的尺寸应根据设计交通量、交通组成、设计速度、地形条件等因素确定。在保证必要的通行能力和交通安全畅通的前提下，尽量做到用地省、投资少，使道路发挥最大的经济效益和社会效益。

公路路基通常可分为整体式路基和分离式路基两类。

整体式路基的标准横断面应由车道、中间带（中央分隔带及其两侧路缘带）、硬路肩、土路肩组成、这种横断面通常是由中间带将上、下行车辆分开。

分离式路基的标准横断面应由车道、左侧路肩等部分组成。这种横断面是将分向行驶的上、下行车道分离成两条各自独立的单向行车道路的横断面图式。

上述两种断面适用于等级高、交通量大的公路，如高速公路、一级公路；而二、三、四级公路则多采用整体式路基。

2) 横断面设计

(1) 沙漠公路横断面形式按路基填挖情况分为：填方路基横断面、挖方路基横断面、半填半挖路基横断面三大类。分别称为路堤、路堑、半堤半堑。它们均由行车道、路肩、边坡组成。

沙漠公路路堤：应尽可能以低填方形式设计，最大限度地降低路堤高度，减少对沿线生态的影响，保护环境，使公路融入自然。路基边坡不宜过陡，一般以 1：3 以上的缓坡为宜，以利输沙。

沙漠公路挖方路堑：路线走向与主导风向平行或锐角相交时，由于拉沟风作用，积沙较少，一般路堑越深，拉沟风越大，但这种路堑长度以不大于 200 m 为宜。

路线走向与主导风向垂直或是 45~90° 相交的路堑。由于运动气流突然遇到下凹的路堑，气流断面扩大，风速骤减，从而造成路堑积沙。要使这类路堑少积沙，应采取放缓外坡的方法予以处理。

沙漠公路半填半挖路基断面：路线走向与主导风向平行或锐角相交时，应采取加宽挖方侧路基宽度大于 2 m 的措施，以防顺路而来的绕流风沙的危害。

路线走向与主导风向垂直或呈 45~90° 相交时，应采取放缓上、下边坡的措施，以防迎风吹蚀和背风堆积沙的危害。

（2）沙漠公路路基宽度。

沙漠公路路基宽度为行车道与路肩宽度之和，根据沙漠地区公路交通量情况，整体式与分离式路基宽度可采用规范中的较小值。

表 3.19　沙漠公路整体式与分离式路基宽度

公路等级	高速	一	二	三	四
整体式路基宽度/m	23.5	21.5	10	8.5	6.5
分离式路基宽度/m	12.5	11.25			

（3）沙漠公路中间带的宽度。

① 沙漠公路整体式路基的中间带宽度。

高速公路、一级公路整体式路基必须设置中间带，以分离两个方向的车流，清晰显示内侧边缘、引导驾驶者视线，保证两个方向的车辆能高速安全行驶，但它的宽度直接影响公路的占地面积和工程造价。

中间带由两条左侧路缘带和中央分隔带组成，中间带宽度规定为表 3.20。

② 沙漠公路分离式路基间最小间距。

高速公路、一级公路采用分离式路基时，两相邻路基边缘之间的距离在人烟稀少、土地荒漠地区宜采用大于 4.5 m 宽中间带，宽中间带一般为 6~15 m，且可随地形变化而改变宽度，不必等宽度。

表 3.20　沙漠公路整体式路基中间带宽度

公路等级		高速公路	一级公路
中央分隔带宽度/m	一般值	2.00	2.00
	最小值	1.00	1.00
左侧路缘带宽度/m	一般值	0.75	0.50
	最小值	0.50	0.50
中间带宽度/m	一般值	3.5	3.0
	最小值	2.0	2.0

地面较为平坦的宽中间带范围宜种植草皮，两侧车道亦不必等高，应与地形景观相配合。

分离式路基应在适当位置设横向连接道，以供养护、维修或抢险时使用。

3.4　防沙设计

3.4.1　概　述

沙漠地区路基设计的重点是综合防沙设计，主要包括总体防治布置、路基横断面设计、路基和路侧防沙设计等。为此：必须贯彻防沙害为主、防治结合、因地制宜、就地取材，先治标、后治本，标本兼治的原则。

沙漠地区应根据不同区域气候和沙漠类型及特点设防：

在风沙流较严重的过干沙漠或流动沙漠地区（干旱温热沙漠区，Ⅳ区），为根治沙害，除对路基本身进行防护外，还应在路基侧建立完善的防沙体系，包括整平带，防护带和植被保护带；对于降水量合适的干旱沙漠或半固定沙漠地区（半干旱温热沙地区，Ⅲ区），应采用工程和生物工程防治相结合措施；在适宜植物生长的微湿和半干旱沙漠或沙地地区（半湿润严寒沙地区和半湿润温冷沙地区，Ⅰ区和Ⅱ区），应采用生物防治措施，恢复当地生态，保证道路畅通。

尽可能与当地的治沙规划相结合；根据风沙危害的方式与状况采取

"阻、固、输、导"相结合的综合措施,建立"经济、合理、有效"的完整防沙体系;应综合考虑防沙工程养护,包括养护的管理模式、养护水平、难易程度、费用大小、年限及防沙材料的重复利用等。应注意新技术、新材料及新方法的引进和运用。防沙工程设计应在正常的施工及养护水平下,能保证公路在设计使用年限内基本正常运营。

3.4.2 防沙工程体系的配置原则

防沙工程设计必须有总体布置,使路侧各种防沙措施形成一个完善的综合防护系统,综合防护体系的宽度和耐久性应根据公路的等级和重要程度进行合理确定。

总体布置时,应尽量利用自然状态下已有的各项有利因素,再根据风沙活动特征、输沙量、地形、防护材料性质及公路等级和使用要求等确定需要采取的各种人工措施的范围和部位。

(1)防沙工程应根据不同风沙地区、气候和沙漠类型及特点进行设计。

① 在风沙流较严重的过干沙漠或流动沙漠地区(干旱温热沙漠区,Ⅳ区),除对路基本身进行防护外,应在路基侧建立完善的防沙体系,包括整平带、防护带和植被保护带;并采用工程防沙或化学固沙措施。但在丘间地地下水水位较高或有引水灌溉条件的地方,均可以植物治沙为主,营造防沙林带。

在多风向地区或单一风向地区,道路走向与主风向夹角 $a > 60°$,机械固沙带、化学固沙带、生物固沙带都应在固沙带边缘以外设置高立式沙障。

在单一风向地区,如果道路走向与主风向夹角 $a > 60°$,道路现风向一侧可不设计高立式沙障。同时固沙带的宽度为 15~20 m 为宜;而道路迎风一侧可设置两道高立式沙障阻沙,两道沙障之间的距离 $10H$—$15H$(H 为外侧一道沙障的有效高度)。

输沙断面区不设置沙障。

固沙带视流沙裸露状况,可采取全封闭、斑状封闭沙障固沙,同时配以高立式阻沙沙障。

② 对于降雨量合适的干旱沙漠或半固定沙漠地区(半干旱湿热沙地地区，Ⅲ区)，应采用工程和植物防治相结合的措施，植物固沙应以灌木和半灌木为主。

③ 在适宜植物生长的微湿和半干旱草原地带、半干旱沙漠或沙地地区(半湿润严寒沙地和半湿润温冷沙地区，Ⅰ区和Ⅱ区)，应以植物治沙为主、工程防沙或化学固沙为辅，植物治沙宜采取乔、灌、草相结合。

（2）防沙工程设计应根据不同的危害类型，采取对应的措施。

① 路基风蚀：在需要防止风蚀的路段，应将路基表面进行封固，并保持平顺。

② 路面积沙：

风沙流积沙：应在路基附近分别采用"固""阻""导"措施或其中的某些措施的综合。防止风沙流的出现。也可在清除路基附近的一切障碍后，采取"输"的方法，以合理的路基断面形式，增加风沙流的输沙能力，使风沙流得以顺利地从路上吹过。

沙丘前移：应采取"固""阻"措施加以控制，既阻止沙丘前移，又防止风沙流出现。也可"阻""导"与"输"措施结合，以"阻"或"导"来控制其前移，并将沙丘前移化解为风沙流运动或当沙丘较小时，可将其运走或推平；再以"输"的方法，使风沙流得以顺利从路上吹过。

3.4.3 防沙工程设计

1. 防沙工程总体布置

如前所述，完善的防沙体系除路基本身必要的防护外，一般应在路基两侧设在整平带、防护带和植被保护带，具体布置视不同的沙漠类型和地段而定。

1）流动沙丘地段

当路线与主导风向成 45°～90° 相交的大面积流动沙丘地段，路基两侧均设计 10～20 m 的整平带，该地带内的一切障碍均应运走或推平，以使挟沙风顺利通过路基。

整平带外侧为防护带，宽度一般为 500 m 以上，或视当地情况而定。原则上应采取植物固沙与工程防治的综合措施，当便在工程防治设施失效后，由植物防护发挥作用。当无植物固沙条件时，工程设施即作为永久性防治手段，须经常加以维护。对此种情况也可考虑"输""阻"措施。

防护带外侧为植被保护带，其宽度为：在路基上风侧宜为 400~600 m，在下风侧宜为 200~300 m，植被保护带内的植物应严加保护，禁止伐垦和放牧。

当主导风向与路线的交角小于 30°时，可适当减少路基防护带的宽度。

2）流动沙地地段

当路线与主导风向成 45°~90°相交，且流动沙地地形较为平坦开阔，路基宜采取缓边坡的路堤或路基输沙断面，以便于过境沙顺利通过。

路基上风侧宜有适当宽度的输沙带。

防护带内设置带状隐蔽固沙设施，以保护风能稳定，不使过境风沙流达到饱和状态，防护带的宽度为：在路基上风侧为 100~150 m，下风侧不应小于 50 m。

当主导风向与路域的交角小于 30°时，宜采用一般路基断面形式，可适当减少路基防护带宽度。

3）半固定沙丘地段

当路线与主导风向的交角大于 30°或垂直的半固定沙丘地段，应将整平带原有的突起物（包括灌丛）夷平，以免积沙威胁路基，整平带的宽度 10~20 m。

对于防护带内的局部流沙，应采取工程防治与植物固沙的综合措施，并保护和利用原有植被，以根治流沙。防护带的宽度为：在路基的上风侧不应小于 300 m，在下风侧不应小于 100 m。

在植被保护带内严禁乱砍、乱伐及乱垦，以通过自然繁殖逐步改变原有植被状况。植被保护带的宽度：在路基上风侧应大于 500 m，下风侧则应大于 200 m。

主导风向与路线平行时，可不设防护带，但仍保留整平带和植被保护带。

4）固定沙丘地段

固定沙漠地区固定、半固定沙丘占绝对优势，降水条件良好，植物生长良好。具有较广阔的丘间低地。沙漠内部具有丰富的土地资源。

路基两侧仅设植被保护带，带内植物要严加保护，以免风沙再起。保护带宽度为：在路基上风侧宜为 300～500 m，在下风侧宜为 100～200 m。

2. 防沙工程设计

1）固沙设计

固沙措施的作用在于稳定沙地表面，抑制流沙活动。固沙措施很多，各有各的优缺点及一定的使用条件，设计时可依据当地的自然状况、材料来源与品质、施工条件、管养水平与难易程度、经济成本等选定下列一种或几种措施组合。

（1）植物固沙。

① 植物固沙的作用。

植物固沙是防止沙害的根本措施，不仅可以减低风速，削弱和抑制风沙流活动，而且由于沙生植物具有发达的根系，还能固结其周围的沙粒，加之枯枝落叶的堆积，有利于有机质的聚积，促进沙的成土作用，改变沙地性质，使沙流趋向固定。植物起到全面固沙作用后，比任何工程防护措施都更为优越有效，有条件时应优先采用。

植物固沙有三种：种草、种植灌木和乔木。理想的植物固沙是采用草、灌木和乔木相结合的方法，取长补短，以达到最好的效果。因为：

草类：能适应比较恶劣的自然条件，易于生长，但寿命不长。

灌木：在沙地的适应性能强，生长较低矮，枝条密集，根系发达，既能固定就近沙面，又能阻挡外来沙源，是防风沙的先锋。

乔木：在沙地内需有很好的水分和养分条件才能成活生长，但其枝干高大，防风能力很强。

② 植物固沙的要求条件。

植物固沙要求条件较多，特别是植物立地条件、植物种类选择、合理的植物结构搭配和种植方式、灌溉措施和管理方法等都是成败的重要因素。只有结合当地条件进行全面的调查、分析和研究后，才能确定能否采用，最终达到预期的效果。

立地条件指植物生长和发育的环境条件：包括沙丘类型、起伏程度及其移动特征，沙地下伏地层结构及地下水情况等；沙层内的含水量及干沙层的厚度、当地降水量及地表径流情况；地下水位及沙地盐渍化程度；沙地植物的分布、生长情况及其演变规律等等，其中很重要的是水分。根据沙地栽植经验，若沙层内具有含水量不小于 2% 的常年稳定湿沙层，则可保证耐旱的草、灌木成活生长。此外，沙层中的有机质及盐分含量、温度及通风条件也都影响植物的成活生长。

（2）沙障固沙。

沙障固沙的作用在于稳定沙地表面，抑制流沙活动，沙障固沙可分为平铺式和立式两类，立式沙障又分为低立式和高立式两种。

① 平铺式沙障。

利用柴草、黏性土、砾石或其他材料，平铺于沙面上，可以防止风蚀。多用于对路基两侧沙面的防护。

柴草类平铺式沙障：

层铺防护：采用麦秸、稻草、苏丹草、沙蒿、野麻、芦苇或其他草类，以层铺形式覆盖沙面。层厚 5~10 cm。

平铺植物束或芭块：采用各种枝条、芦苇、芨芨草等，扎成束把或织成芭块，以平铺形式覆盖沙面。

平铺或叠铺草皮：柴草类沙障材料用量大，一般使用 3 年以上需修补或重设，再加上沙漠地区这种材料较为缺乏，往往需从数百公里以外的地方采购，运距远、成本高。

土类平铺式沙障：

黏性土覆盖沙面（黏土沙障）适用于沙丘微起伏的地区，覆盖前应平整沙面，所用土的塑性指数应大于 7，覆盖厚度在迎风坡及丘顶为 5 cm，背风坡及丘间地 10 cm。为增加覆盖层的抗冲蚀强度并避免干裂，可掺 10%~15% 的沙或 20%~30% 的砾石（体积比）。

沙砾石覆盖沙面（砾石沙障），厚度 5~10 cm，以平铺或格状形式覆盖，后者先用 10cm 以上的砾石在路基边坡上做成 1 m×1 m 或 2 m×2 m，并与路肩边缘成 45° 的方格，然后再于格内铺粒径较小的砾石。

② 立式沙障。

立式沙障一般为防护工程中的主体，材料用量大，就近取材时应注意不要破坏原有的生态平衡。这种立式沙障是利用柴草等材料竖直放置，以降低近地表的风速，抑制就地起沙并阻挡部分外来流沙，具有固沙和一定阻沙作用。低立式沙障的外露高度以 10~20 cm 为宜，距离路基应大于 20 m；高立式沙障距离路基则须大于 50 m，不宜太靠近路基。

草方格或条带状沙障的扎制主要采用具有柔性的麦秸、稻草、苏丹草、压碾改性芦苇等；草方格规格以 1 m×1 m（路基两侧的固沙带）和 1 m×0.5 m（路肩及边坡）为宜。在丘顶等强烈风蚀部位也采用 1 m×0.5 m 规格。有水源条件地，可在草方格内播撒适于沙漠生长地植物种子，使方格内生长沙生植物。

在主导风向明显或风向单一的流沙地区，可采用条带状沙障，沙障走向必须与主导风向垂直，间距 < 0.8 m。

③ 沙袋沙障。

沙袋沙障选用抗老化编织土工布，该材料具有抗老化、密度小、耐酸碱、耐腐蚀、强度高等优点。沙袋沙障可分为有鳍和无鳍两种。

有鳍沙障：制作沙袋时，接口处预留出 8 cm，在第一造缝线外侧每隔 1 cm 增加一道缝线，共增加三道，以增强鳍底部的刚度。在长筒形有鳍沙障的基础上，将缝线以上的编织布横线抽出，使其发挥类似于麦草沙障的作用。对风产生扰动，在袋内装满沙，袋直径分别为 5 cm、10 cm、12.25 cm。

用有鳍沙障组成的带状沙障，以带距为 1 m 的规格，防风效果最好（适用于风向单一地区）。有鳍与无鳍沙袋沙障按 50 cm、100 cm 及 200 cm 的间距带状排列时，间距为 50 cm 时二者的相对固沙能力：有鳍者略高于无鳍者；间距 100 cm 时，则相差 40% 左右；间距 200 cm 时，相对固沙能力均为 50 cm 的 50% 左右。

④ 格状沙袋沙障。

格状沙袋沙障是把有鳍沙障设为主带，无鳍沙障设为附带的方格沙障，以 1 m×1 m 防风效果最好。随着沙障规格的加大，其风速降低率和粗糙度逐步降低。这种沙障适用于多风向地区。

⑤ 土工方格沙障。

土工方格沙障应在上风侧流动沙丘上设置，其规格有 1 m×1 m、1 m×2 m、2 m×2 m，其中 1 m×1 m 沙障防沙功能最好。形式则有不透风式或透风式。具体使用应根据地形地物条件选取。透风式沙障由于其防护距离相对较长，虽然积沙效果比较弱，但在风向单一、地形平坦地沙地使用时，固沙效果好，而且可以适当放大沙障地规格，以降低固沙成本。不透风式沙障用于公路沿线流动沙丘时，应结合植物固沙措施，使其在短期内为固沙植物地定居、生长创造良好的环境。由于不透风式沙障会引起大量沙粒沉积，也使沙障易遭受沙埋，降低其使用时间，但它在沙埋后可以提起，固沙效能即可恢复，而具有维护方便、灵活激动、使用期长地优点。

（3）化学固沙。

用化学合成材料均匀喷洒沙面，使之形成固结层。这种方法的优点是最大限度地体现就地取材、以沙治沙，施工简便，固沙立竿见影。缺点是阻沙作用差，没有防护高度，对于过境风沙流无作为，故应与阻沙措施结合起来使用。

化学固沙材料：主要有乳化原油、乳化沥青、高矿化度盐水、高分子聚合物、土壤凝结剂等。

固化剂固沙法——沙埂沙障固沙技术：

用刮耙将流沙耙成各种规格的沙埂，一般底宽 30～40 cm，高 15～25 cm，截面为等腰三角形，然后用土壤凝结剂喷洒固结。沙埂表面形成界壳；或筑成沙子方格沙障。垄底宽 30 cm，高 15～20 cm，规格为 1 m×1 m，垄上喷洒 30% 浓度土壤固结剂，结皮厚度 1.5～2.0 mm，设置于迎风坡。

沙埂沙障还可与植物固沙结合起来使用，在所设置的沙埂沙障或方格沙障中种植各种植物。

2）阻沙设计

阻沙设计的目的是拦截风沙和限制积沙移动。阻沙沙障一般可分为墙式、堤式、栅式、带式和防风林五类，适用于沙源极为丰实的流沙地区。须布置在距路基迎风侧 100 m 以外，一般栽于沙丘顶部，沙障越高，间距越大，与主导风向正交时，阻沙效果好。有条件时，应栽种乔、灌结合的密集防风林，形成永久阻沙体系。

（1）设计依据。

设计时要根据当地的自然状况（包括风况、风沙流程度等）、材料类型品质来源、施工条件、管养水平、管养难度、费用等。

（2）设计要点。

确定合理的阻沙沙障类型、制作材料、设置形式及布设数目。

确定阻沙沙障的制作方法，应考虑其稳固性：在沙面上阻沙沙障应能抵御八级大风或当地最大风力，而不全线倒伏。

应考虑沙障的定期拔高或重设及固沙材料的再利用问题，尤其是外侧来沙较多，积沙在短期内就能达到饱和之处。

（3）阻沙栅栏的设置。

防沙栅栏材料：可选用具有一定强度的原状芦苇天然植物枝条、秸秆、人工防沙网。阻沙栅栏结构以疏透型为好，植物秸秆、枝条、竹片等天然材料编制的栅栏的疏透度应以 30%~50% 为宜，原状芦苇地阻沙栅栏疏透度以 20%~30% 为宜。利用工厂生产的防沙网做栅栏时，网目以 16~22 目为宜。

防沙沙障设置地点：防护带外围，主要用于阻挡外侧来沙，并将沙丘的前移运动转化为较弱的风沙流活动；与固沙带边缘之间应留有 10~15 m 的空留带，用于堆积外侧来沙。

阻沙沙障布设方向：

当与沙丘运动方向垂直时，宜选择沙丘脊，在距沙丘脊线 1~1.5 m 的迎风坡顶上；

当与沙丘运动方向近于一致时，阻沙沙障应沿沙丘迎风坡横向较高处至坡顶，然后直穿落沙坡，以使其在落沙坡处的延伸尽量地短；

在沙丘密集、地形起伏较大的地区，阻沙沙障不能按直线布设，而应适当调整，可偏离直线。以使阻沙沙障一直处在相对较高处，充分发挥其阻沙的功能，加速人工阻沙堤的形成；

阻沙沙障只能纵向直穿沙丘落沙坡，即顺沙丘落沙坡倾向方向穿越，不应斜向穿越，严禁横向穿越。

局部风沙流活动较强烈的地区，应考虑设两道阻沙沙障，其间距不应大于所防御沙丘的最大尺寸。

阻沙沙障的构造：

阻沙沙障外露高度：1.2~1.7 m 为宜，当被沙埋至外露高度仅剩 40 cm 时，应将其拔起或原地重设，以恢复其阻沙功能。

固定立桩间距：地形平坦时为 4~6 m，地形起伏较大时，加密至 2~4 m。

固定立桩的埋入深度一般 40~50 cm，其两侧宜用衔于栅栏并与立桩呈 45° 左右夹角的牵引铁丝拉紧。

在风蚀强烈部位，栅栏两侧应扎制 2~3 道草方格（1 m×1 m）固沙，以防掏蚀。

3）输沙设计

输沙措施的目的是通过增强风力或改变地表性质，使过境流沙顺利通过路基而不应产生堆积。输沙措施适用于沙源相对不丰富，一般只有过境风沙流，道路两侧一定范围内为戈壁和淤土平地或盐碱地。平沙地（沙地平坦）也可酌情采用。此外还应从路基设计本身，包括路基横断面设计、路堤合理高度、路堑合理深度、路肩硬化和边坡防护等方面考虑。还可从外部采取适当措施，如浅槽输沙、浅槽和风力堤输沙、聚风板输沙等。

浅槽输沙：这种方法是利用路基上风侧的边坡设置宽度 L 与 H 之比 $L/H=10\sim25$ 的弧形浅槽，浅槽的深度为 $1.0\sim2.5$ m。槽的下风侧与路基相互平顺衔接，且槽的表面用土石类封闭。这种措施可借助浅槽的气流上升力和路基面风速的加强来达到路基的输沙目的，它适用于平坦的流动沙地和风沙流地区，以减少风沙流对路基的危害。

浅槽与风力堤综合输沙：这种方法是在浅槽的上风一侧与邻近的流动沙丘之间，再设一个风力堤。风力堤顶要比邻近沙丘高出 $0.3\sim0.5$ m，以造成一个吹扬地带；堤顶要设成流线型，风力堤的迎风坡一般以 1∶4 为宜。风力堤的表面亦应封闭，迎风面的封闭厚度为 $5\sim10$ cm，背风面为 $3\sim5$ cm。这种综合措施适用于路线与主导风向交角为 45°～90° 情况下路段的流动沙丘。

4）导沙设计

当路线与主导风向为 25°～30° 斜交时，风沙容易在路线附近堆积。为了让沙堆积到对路基无危害的地方，可在路基的迎风侧 $50\sim100$ m 以外设置导沙措施，借助风力的作用，改变风沙流或沙丘的移动方向。

导沙措施：

① 导沙墙：土墙、石墙、柴草墙等。

② 导沙排或板：木板、笆块等。

③ 导沙栅栏：用密结构（透风度＜20%）的苇排或塑料挡风板。

3.4.4 工程与植物综合防沙技术

长期的防沙经验和最新的研究成果显示：在降雨量合适的半干旱沙漠或半固定沙漠地区（半干旱温热沙地区，Ⅲ区），应采用工程和植物防治的综合防沙技术。

首先要用工程措施将流沙固定，其次才是种植植物。否则，由于风沙流动比较频繁，直接在其上种植固沙植物，难以定居成活，在短期内沙害难以消除。工程措施包括各种沙障，其作用是：降低地表风速，增大地表粗糙度，使气流对地表沙粒的直接作用力减小；减少流沙对植物幼苗的侵害，使之易于成活定居。

1. 工程措施——设置沙障防护带

在流沙活动比较严重的路线上风侧，视沙害危害程度的大小，设置不同宽度的机械沙障防护带，防护带宽从 50~100 m 不等。方格沙障规格有 4 m×4 m，2 m×3 m，带状沙障间距 2 m。固沙材料选用沙蒿。沙障防护带的效果：

1）土壤的理化组成发生变化

设置沙障后，流沙得到了固定，沙地微环境发生了很大变化，首先是土壤的理化性质发生大的变化。土壤细粒成分增多，土壤的持水力就大，含水量就增大。同时土壤的微生物活动强度及数量都有增强。土壤的水、肥、汽、热朝良性状态发展。这就为植物的生长发育创造了有利的条件，如表 3.21 所示。

表 3.21　试验地土壤机械组成　　　　　　　　%

粒级/mm 沙障	极粗沙 >1	粗沙 0.5~1	中沙 0.25~0.5	细沙 0.1~0.25	粉沙 0.1
4×4 方格	0.029	13.95	40.50	29.24	16.26
2×3 方格	0.058	7.89	26.98	44.57	20.48
2×2 带状沙障	0.26	28.76	26.82	26.09	18.07
流　沙	0	1.75	31.89	59.86	6.48

从表 3.21 可以看出：设置沙障后，规格为 2×3 格状沙障中，土壤的细粒成分由 6.48% 上升到 20.48%，细粒成分增加大约 3 倍，其他规格的沙障中土壤的细粒成分也有不同程度的增加。

2）下垫面的粗糙度增大

下垫面粗糙度是衡量地表性质的一个物理指标。其大小直接影响到地表流沙的风蚀与堆积状况，其含义是平均风速减小到零的某一几何高度。粗糙度计算公式为

$$\log Z_0 = \log Z_2 - A \log Z_1 / 1 - A$$

其中：$A = V_{200}/V_{50}$；$Z_1 = 50$ cm；$Z_2 = 200$ cm；V_{200} 为 2 m 高处风速；V_{50} 为 50 cm 处风速。

如表 3.22 所示：流动沙地上设置了沙障，使粗糙度增大，规格为 2 m×3 m 的方格状沙障的粗糙比流沙提高了 42 倍；4 m×4 m 沙障的粗糙度比流沙的粗糙度提高了 27 倍。这样就使贴近地表的风速减小到沙粒起动风速以下，防止了沙粒起动，沙障的规格越小，粗糙度越大，反之规格越大，粗糙度越小。

表 3.22 下垫面粗糙度的变化

沙障高度/cm	2 m×3 m	2 m×2 m（带状）	4 m×4 m	流沙	路面
50	6.3	7.3	7.8	10.6	6.7
200	10.4	9.4	12	13.1	8.3
Z0	0.118 8	2.092 88	0.076 19	0.002 801	0.003 012

3）风速降低，减少地表流沙风蚀和堆积

设置沙障后，增加了地表粗糙度从而降低了风速。如表 3.23 所示：2 m×3 m 方格沙障在距地面高 50 cm 处降低风速 40.65%，200 cm 处降低风速 20.61%，4 m×4 m 方格沙障在 50 cm 处降低风速 26.415%，200 cm 处降低风速 8.39%。由此可以看出：规格小的沙障，降低风速的量就大，距地表近的地方削弱风速就大，距地表高的地方，相对来讲削弱风力的作用就比较小。规格大的沙障在垂直方向和规格小的沙障削弱风力的趋势大致相同，但作用的强度比较小。

表 3.23 沙障降低风速的作用

沙障高度/cm	2 m×3 m	降低风速/%	2 m×2 m	降低风速/%	4 m×4 m	降低风速/%	流沙
50	6.3	40.56	7.3	31.13	7.8	26.41	10.6
200	10.4	20.61	9.4	11.327	12	8.39	13.1

2. 工程措施与人工植被综合应用——在工程措施的保护下建立人工植被

设置机械沙障以后，从根本上消除了试验路段内的沙害，并使局部环境得到改善，为植物固沙创造了条件。但机械沙障使用年限不长，不可能达到永久固沙目的，植物固沙才是公路沙害治理的根本措施。植物固沙不仅可以防风固沙，而且可以改造自然环境，改良土壤，为沙区农牧民提供薪材，为牲畜提供饲草饲料。

植物固沙事实上是人工植被的建立，是自然植物群落的模拟。只要设计合理，将外界的干扰减少到最小，就可以迅速恢复植被，形成人工植物生态系统。

1）固沙植物种的选择

固沙植物种选择考虑的是：该种植物适合在试验路段生长发育，其固沙效果好。植物种的选择是植物固沙成败的关键。

通过对各种环境因子及植物种源的调查，本着适地适树的原则，选择乔木旱柳，大灌木柠条，小灌木杨柴，沙柳，沙打旺作为主要固沙植物种。旱柳耐旱，生长迅速，易成活，造林简便，是沙地主要乔木造林树种。其经济利用价值也高，树叶可以做羊的冬季饲料，树干可以出售或造林。柠条极耐干旱，根系发达，适合在干旱的硬梁地生长。杨柴耐干旱，根蘖性强，防风固沙作用大，适合在流沙上生长。沙柳造林简便易行，不怕风打沙埋、生长迅速，短期内即可发挥固沙作用，是固沙的首选灌木。

2）固沙植物的配置

（1）密度。

合理的密度是植物生长发育的基本条件，密度过大，种间竞争激烈，物种内争夺水分、养分、阳光、致使植物生长发育不良。密度过小，土地资源利用不充分，且起不到固沙护路的作用，只有设计合理的密度才能有效地控制流沙。根据对立地条件的调查，灌木株行距 50 cm 比较合适，这样的密度既可以防止种间过于竞争，又可以快速起到固沙作用。乔木间距 3~4 m 则比较合适。

（2）种间配置。

各种植物的生物学和生态学特性是不同的，这就要求造林时避免将对环境有相同要求的树种放在一起种植。沙柳系浅根系植物，而柠条则是深根系植物，这两种植物放在一起种植，地下部分就不至于发生水分和养分的竞争。

根据种植第 2 年调查，当年扦插的沙柳和当年直播种植的柠条生长状况，柠条平均高生长 15 cm，而沙柳平均高生长 122 cm，最高可达 230 cm，可见其生长速度是快的。

3）工程措施与人工植被综合应用的效果

通过工程措施与植物固沙相结合方法初步建立的防护体系，许多其他的植物在已固定的防护带内定居，据第 2 年秋季的调查，新的植物种增加 20 多种。在设置机械沙障后，一部分沙蒿种子落在沙障中，雨季以后自然繁殖、生长。组成了由人工植被和天然植物混生的植物群落结构。植被的覆盖度也由治理前的 15% 左右增加到 90% 左右，形成了以乔、灌、草相结合的植物固沙防护体系。生态环境大为改观，生态系统的自然调节能力，结构的稳定性、层次性及植物的多样性等方面都有很大的提高。生态系统初步进入了良性循环，生物产量大大增加。防沙固沙的效果明显。根据第 2 年春对不同规格的沙障输沙量的调查，在规格为 2 m×3 m 的沙障中从 2 m~20 cm 范围内的集沙量不足 1 g，比对照流沙低 350 倍。由此可见其固沙效果十分显著。

3.5 沙漠地区公路路基施工

3.5.1 概　述

路基为线状构造物，在施工期间，人员、设备多且分散，相互干扰大、施工环境差、工序多、工艺复杂、管理难度大，因此沙漠地区路基施工必须贯彻安全生产、质量第一的原则，遵守国家安全生产法律法规，制定安全技术措施，加强安全管理，严格执行安全操作规程，确保人身安全和施工质量。沙漠地区由于风多沙多，风沙日占一年的1/3时间，修筑的路基又是就地取材的沙土，缺乏黏性，易于松散，受到风力的作用，沙粒很容易被风吹走，造成路基吹蚀和沙埋。通常应采用分段施工、一气呵成的办法，同时遵循边施工边防护的原则，对路基防护以及两侧的防沙工程应配合施工配套完成。对当日工程的未完成部分，特别室路肩和坡角，每日收工前要做好临时防护。所以施工作业宜在夏秋季进行，尽量避开多风季节，注意保护所有标志、桩点，防止被风刮倒或沙埋或施工时被破坏。

沙漠环境生态非常脆弱，植被相当稀疏，因此沙漠公路路基施工必须遵守国家生态、环境保护、土地管理的有关法律法规，清理地表时尽量保护原有植被地貌和地表硬壳。施工时要注意保护路两侧现有植被，不得随意破坏，必须要破坏时，应及时采取防护措施，以免沙害蔓延。

沙漠地区路基施工应遵循边施工边防护的原则，认真做好施工组织设计、沙基施工防护工程，防沙工程应同步进行、配套完成。以保证公路路基达到设计要求的强度、稳定性和耐久性。

流动性沙漠地区或路线通过高大复合型沙垄或复合型沙丘链地段，沙海茫茫，没有特殊的装备无法正常施工，难以保证工期和质量，所以施工机械的科学选择与合理配置非常重要，首先应采用大型高效并且具有一定防沙性能（密封性能好）、工作性能优良、机械性能稳定、风冷式动力的施工机械。

沙漠地区环境一般温度高，降水量小，蒸发量大，施工用水量大，要解决好施工用水、闷料及碾压问题，施工组织应遵循短、快原则，强调快速施工、快速封闭，避免造成反复洒水，即施工段落宜短，施工速度要快，各工序施工紧凑，对于路基的填、挖更应集中力量完成一段、防护一段，确保路基的强度和稳定。

路基土方调配应以挖作填，尽力减少调配距离，做到填、挖、借、弃合理，粗沙平地，一般不得取土，并应加以保护。

3.5.2 施工前准备

1. 施工组织准备

（1）路基施工前，施工单位在认真审图全面理解设计要求和设计交底的基础上，进行现场踏勘和核对。如发现工程地质、地形和水文资料与设计有较大出入时，可要求澄清或提出变更设计。因变更设计可能涉及质量、工期、投资三大目标的控制所以必须根据建设管理相关规定进行。

（2）根据工程内容、设计要求、合同、工期、现场情况，编制实施性施工组织设计，并按管理规定报批。

（3）路基开工前必须建立健全质量、环保、安全管理体系和质量检测体系，并对各类施工人员进行岗位培训和技术安全交底，同时要做到劳动力、材料、设备，临时工程、通风工程、通讯电台、生活供应、安全保障等全面落实。

2. 施工测量

准确的施工测量是保证路基施工顺利进行和线形质量的关键，由于从勘测设计到开始施工有一定的间隔时间，某些控制桩可能偏位、移位或沙埋、丢失，所以路基施工前，应在现场恢复和固定路线主要控制点和起控制作用的百米桩和加桩，并对导线、中线、水准点、纵、横断面进行复测，并应符合规定的测量精度。

中线恢复测定后，应复核沿线水准点，其标高应符合精度要求。

重新测定中桩的地面标高，并根据施工图设计中给出的设计标高，计算出实际施工时的中桩填挖高度。

3. 路基放样

根据路线中桩，设计图表定出路基边缘的具体位置，每 20 m 路基两侧边缘各插一竹竿，并系一红布条，注明填挖高度。

路基施工中，应保护好所有控制桩点及填挖标准，发现被风刮倒、碰倒或丢失的应立即补上。

3.5.3 路基施工

1. 取土（沙）弃土（沙）

（1）沙区路基施工以沿线两侧就近取弃为原则，取沙以沙丘为主，弃沙以沙窝为主。路线两侧取沙时，其宽度应尽可能控制在路基两侧20 m范围内，并与平整带施工相结合。当取沙量较大时，其宽度可适当增加，但不应超过路基两侧40 m的范围。

（2）路线两侧取沙坑深度在1 m以内时，可将路堤边坡延伸至取沙坑底一并防护；当取沙坑深度大于1 m时，应在路堤坡脚与取沙坑之间设置宽度不小于3 m的护坡道。护坡道应整平，其外侧边坡应修成缓坡。

（3）应尽可能以挖作填，减少弃方。确需废弃时应纵向就近弃于路线两侧沙丘低洼地，并予整平。当连续挖方较长（大于100 m）且挖方边坡高度在2.0 m以内时，可就近横向弃于两侧堑顶的平整带内；挖方边坡高度超过2 m时，2 m以下部分应用推土机或铲运机沿纵向运出。

（4）主风向单一时，取沙坑应设在下风侧路堤坡脚处至少5 m外，以防止扰动路基。当必须两侧取土时，应对取土废坑封闭或摊平。对粗沙平地一般不宜取土，应加以保护。

（5）沙漠地区的植被往往较为稀疏，十分宝贵，植被和长期形成的地表是防风沙的天然屏障，不宜扰动，因此取土坑应尽量减少对植被和原地貌的大面积破坏，以免形成新的沙害。取料结束后应尽可能整平、恢复原有植被，取土坑原地面的草皮、腐蚀土或其他不宜用作填料的土均应废弃、处理。

（6）弃土（沙）应根据地形情况，弃于下风侧低洼处、并大致整平。

2. 填方路堤

（1）填方路堤施工前的原地面为非沙基时，应按照设计进行清理。基底属粉质淤积土路段的沙基施工，如果路基高度在1.0～1.5 m以下时，应换填一定厚度的风积沙，其厚度应满足基底强度要求，一般不小于 60 cm。

（2）沙基填料不得使用沼泽土、淤泥、冻土、含草皮土、生活垃圾、树根和含有腐朽物质的土。对有机质含量大于 5%、液限大于 50%，塑性指数大于 26 的土，不得直接用作路堤填料。

（3）路基施工同时用风积沙和土作填料时，必须分层填筑，不得将风积沙和土在一层中混合填筑，也不得分层间隔填筑，用土填料累计压实厚度不得小于 50 cm。

（4）对风积沙路堤，必须根据设计断面，分层填筑、分层压实。分层的最大松铺厚度应根据压实机械的不同确定。若采用自重在 15 t 以上前后轮驱动的自行式振动压路机分层碾压时最大松铺厚度不得超过 30 cm；若采用 140 马力以上的推土机分层碾压时最大松铺厚度不得超过 25 cm。

（5）用风积沙填筑路基附近取水方便时，也可采用水坠碾压法分层填筑。填筑时每层最大松铺厚度不得超过 30 cm。所设围堰每层应相互错开，填筑至路床顶面最后一层时应分段水坠，相邻段水坠重叠宽度应不小于 1 m。填料表面水头高度应保持在 20 cm 以上。

（6）路堤填筑宽度每侧应宽出设计宽度 50 cm。

（7）路堤填筑应采用水平分层填筑方式，便于质量控制，填筑时，按照全断面全宽推筑。每层平均厚度 50～60 cm，每层填筑完毕后，用推土机沿纵向大致整平，并用履带碾压 2 遍。当路线跨越深谷、地面沙丘高差大、陡坡路段上，半填半挖的沙基及难以水平分层卸土路段可采用竖向填筑方法，沿路线纵向逐步向前深填。

在施工过程中，应及时测量路堤宽度，严防路堤压实后宽度不够。

达到施工放样高度后，用推土机、平地机或其他设备进行调平，并用压路机初步压实，用平地机进行精平。

路基横坡度应当有一定余量，按设计增加 1.5%～2.0%。

路基填筑完毕后，应将路基边坡部按设计坡度用机械或人工整平，并应立即开始防沙工程施工，及时防护路基边坡，不同风沙地貌路堤边坡坡度按表 3.24 施工或按照设计坡度施工。

表 3.24 路堤边坡坡度

地貌类型	边坡坡度
流沙平地	1∶6～1∶8
其他地貌路段	路堤高度＜5 m 时取 1∶25，＞5 m 部分取 1∶3

3．挖方路基

（1）挖方要减少对沙体的大面积扰动破坏，以免形成沙害，同时增加工程量，所以挖方路基施工前应做好施工组织设计，核实调整土方调运图表。开挖前应按路基放样桩志标明的轮廓，减少超挖、杜绝乱挖。

（2）风积沙开挖时应注意：

① 开挖均应自上而下进行，不得乱挖超挖。

② 已开挖的适用于种植草皮和其他用途的表土，应堆积在指定地点。

③ 对开挖出的适用材料，应用于路基填筑，各类材料不应混杂。不适用的材料应按有关条款的规定办理。

④ 路堑开挖中，如遇地质变化需修改施工方案及边坡坡度时，应及时报监理工程师批准。

⑤ 若发现风积沙层下部出现土质或其他材料,应将上部风积沙全部挖除后再进行下部开挖，土方路段应按《公路路基施工技术规范》中土方施工的有关条款办理。土方路段路堑边坡坡度应符合有关土方边坡的规定，上部风积沙边坡坡度应符合设计要求。

（3）挖方深度大于 2 m 的路基两侧及半填半挖路段两侧，路基宜加宽 1～2 m。

（4）路堑土方开挖，根据路堑深度和纵向长度，分为三种：

① 横挖法：以路堑整个横断面的宽度和深度，从一端或两端逐渐向前开挖的方式称为横挖法。本法适用于短而深的路堑。

② 纵挖法：沿路堑全宽以深度不大的纵向分层挖掘前进时称为分层纵挖法，本法适用于较长的路堑开挖。

③ 混合式开挖法：即将横挖法与通道纵挖法混合使用。先沿路堑纵向挖通道，然后沿横向坡面挖掘，以增加开挖坡面，每一坡面应设一个施工小组或一台机械作业。本法适用于路堑纵向长度和挖深都很大时。

（5）弃方应根据地形情况，推至下风侧，并大致整平。

（6）路堑边坡按设计坡度整平，一般边坡高度小于 5 m 时，取 1∶2.5，大于 5 m 时取 1∶3，然后按设计要求进行固沙处理。

3.5.4　路基压实

1. 压实方法

（1）沙基压实要根据当地自然条件、沙的特性和水源分布等情况，确定干压实或湿压实方法。一般有水源或潮湿地区采用湿压法；对于极端干旱的流动沙漠地区可采用干压实法。干压实指路基在天然含水量状态下压实，一般应采用振动压路机和履带式压实机具为宜，这是因为：沙的渗水性好、内聚力小、抗剪能力差，在外力作用下易产生推移，一般光面压路机行走有困难。

用于路基干压实的压路机应具备以下技术性能：

10～20 t 铰接式自动振动压路机

振动频率为 30～40 Hz；振幅 0.4～0.1 mm 之间；

碾压速度不大于 6 km/h。

压路机必须是带前后驱动，保证设备在沙漠中的行走能力。

路基干压实时，应采用高频低幅的原则。

（2）路基由底层至顶层，每层初压由推土机在分层推筑整平过程中碾压两遍即可，每层终压可根据情况采用下列两种方法进行：

① 若采用的压路机能直接上去碾压，则采用压路机振动碾压两遍，若采用的压路机无法直接上去则采用推土机碾压三遍即可。

② 顶层终压采用振动压路机进行。

（3）用压路机直接在沙基上进行振动碾压时，碾压遍数为：填方路段 3～4 遍，挖方路段 2～3 遍，碾压速度以 2 km/h 为宜。应注意：振动碾压遍数不宜过多，碾压遍数过多将使沙粒重新分布组合，达不到压实效果。

当压路机不能直接上沙基时，路基表层的碾压，可在铺完编织布和沙砾底基层后，与天然沙砾层一同进行振动碾压，碾压 3～4 遍。

流动性沙漠地区土质多为粉质超细沙，大都是粒径为 0.06～0.12 mm 的风积沙，超细沙占 60% 左右，粉粒含量很少，颗粒表面活性低，松散性强，保水性差，采用振动干压实效果好，整体强度高。

2．沙漠路基压实度

沙漠路基压实度以部颁"公路土工试验规程"重型击实试验法为准。压实度标准可采用表 3.25 的规定：

表 3.25　沙漠路基压实度标准（重型击实法）

填挖类型		路床顶面以下深度/m	压实度/%	
			高速公路、一级公路	其他等级公路
路堤	上路床	0~0.30	≥95	≥93
	下路床	0.30~0.80	≥95	≥93
	上路堤	0.80~1.50	≥93	≥90
	下路堤	>1.50	≥90	≥90
零填及挖方路基		0~0.30	≥95	≥93
		0.30~0.8	≥95	≥93

沙漠的压实度检测方法可采用环刀法、核子密实度仪法或其他方法。用环刀法试验时，环刀中部应处于压实厚度的 1/2 深度。采用核子密实度仪法时，应先进行标定，对比试验应根据其类型，按说明书要求办理。

3.5.5　沙基封层施工

1．目的与要求

（1）给底基层或基层施工提供平整的工作面，保证路面底基层的有效厚度和压实度。

（2）封层所用材料和厚度应根据当地材料分布情况选择。

（3）封层施工前应严格按照相关结构要求进行原材料试验、配合比设计等准备工作。正式施工前应按规范要求进行试验段铺筑和试铺总结，并据此编制正式的施工组织设计。

（4）封层施工前对沙基顶面进行整修和验收。

（5）封层施工过程中要注意路基的排水，应设置必要的临时排水设施。

2. 素土封层

沙区路堤上部采用素土分层填筑时，其施工工艺、检测项目和方法、压实标准基本要求应符合现行《公路路基施工技术规范》中有关规定。该类型路基顶面不做石灰土封层。

3. 石灰土封层

（1）石灰土封层施工前应提交石灰土有关试验资料。

（2）石灰土封层施工厚度应符合设计要求，与路基路床位置设计同宽，内侧中央分隔带处每侧宽出路面底基层不小于 25 cm。

（3）石灰土封层所用材料及施工技术要求与石灰稳定土路面底基层要求基本相同。

（4）石灰土封层施工前应对沙路基顶面用推土机稳压、平整，并整理路拱横坡使其与路面横坡一致。

（5）石灰土封层大面积施工前应选择具有代表性的路段修筑长度不小于 200 m 的试验段，总结出机械组合、松铺厚度、压实遍数的最优组合以便指导全线施工。

（6）石灰土封层应采用集中拌和法施工。

（7）石灰土封层应在混合料等于或略小于最佳含水量时进行碾压。碾压时先用 12~15 t 压路机碾压两遍，然后用自重为 18~20 t 的拖式羊足振动碾碾压。压实遍数应通过试验确定，一般碾压遍数不小于 6 遍。

（8）石灰土封层的厚度及高程须经严格控制，其路基横坡应与路面横坡一致。施工中应采取适当的措施，防止路面积水冲刷边坡。

（9）石灰土封层在碾压完成后应进行养生，养生期间应保持一定的湿度，不应过湿或忽干忽湿。养生可视具体情况采用洒水或覆盖沙等办法，养生期一般不少于 7 d。养生期间禁止开放交通，施工车辆通行时，应限制车速不得超过 30 km/h。

（10）石灰土封层完成后应进行质量检测。检测的内容、方法、允许偏差值等应符合检测项目的要求。

4. 天然沙砾封层

（1）采用压路机碾压天然沙砾封层可以有效提高风积沙路基顶面干密度，封层压实后的封层压实度和风积沙路基顶面压实度均满足规定要求。同时封层的压实厚度采用15~20cm是合适的。

（2）天然沙砾封层施工时采用自行式振动压路机进行碾压，天然沙砾封层施工前对风积沙路基先用小型推土机整平并稳压，再用推土机摊铺天然沙砾并稳压，摊铺时应严格控制摊铺厚度，平地机整平，最后用自行式振动压路机碾压规定的遍数，保证封层顶面平整度。

（3）采用18T自行光轮振动压路机稳压2遍，再振动碾压6遍，最后收面1遍。

（4）采用20T自行光轮振动压路机稳压2遍，再振动碾压5遍，最后收面1遍。

5. 土工布封层

在流动沙漠地区沙基上铺设土工合成材料，可以提高沙基的抗剪能力和承载能力，起到加固沙基的作用，有效阻止沙基在荷载作用下的变形，同时方便施工。

1）土工布幅宽

土工布采用聚丙烯编织布，幅宽根据路面宽度而定，尽可能采用整幅土工布摊铺，也可采用工业机缝制加宽，一般采用2~4幅，幅长以每卷500~1 000 m为宜。

2）土工布的质量要求

所选用的编织布应具有足够的强度，要满足表3.26的质量标准，同时应具有一定的抗老化能力，在生产时应加防老化剂。

表3.26 聚丙烯编织布质量标准

项目	握持强度/kN	刺破强度/kN	梯形撕裂强度/kN	CBR顶破强度/kN
标准值	≥1.2	≥0.5	≥0.3	≥2.5

编织布外观应质地均匀，编织规整，不得采用粘结、断丝、缺经少纬的次品。

3）土工布的储运

土工布应放于阴凉室内或土埋储藏，储藏期从出厂日期算起不得超过18个月。

土工布在储运过程中，均不应靠近火源、热源，并避免受日光直接照射。

4）土工布铺设

路基精平后，将编织布按设计幅宽沿路线纵向由人工或机械牵引（如沙漠车或压路机），将其铺开，每次展铺长度100~500 m。展铺时应尽量减少褶皱，展铺后严禁非作业车辆在其上行驶。

编织布应拉紧张平，为防止被风掀起，可在边缘搭接处撒少许风积沙或天然沙砾压住。

编织布的搭接：相邻两幅纵向搭接长度≥40 cm，横向搭接宽度≥30 cm。搭接时，可用细铁丝或延伸率较小的尼龙绳呈"之"字形穿绑，或采用其他有效方法连接。

编织布展铺好后，用压路机静压一遍，使编织布与沙基结合紧密，增强沙基表层密度。编织布破损时，应采用面积大于破损面积各边20 cm的方形编织布置于其下部并铺平。

对铺好的编织布必须当日用其上的底基层结构材料覆盖。

施工期间，现场未用完的编织布应尽可能覆盖，日照时间不得超过36 h。

3.5.6　机械化施工组织

1. 机械选择的原则和要求

沙漠公路沿线的自然环境及气候等特点，决定了沙漠公路施工时机械、材料、工艺和人员的影响较大。路基土方机械组配应贯彻"适应环境、实用先进、经济合理、安全可靠"的原则，同时应满足下列要求：

1）与施工进度及工程量相适应

由于沙漠地区的特殊性，公路施工难以分段进行，只能是由一个作业面展开，而后沿路线向前逐步推进。因此，施工机械应以一个作业面所能达到的最高效率为前提进行选择。机械过少，施工进度慢，满足不了工期要求；机械过多，一个作业现场又施展不开，难以充分利用，甚至无法作业。因此，要尽量选择大型高效的施工机械。

2）与沙漠地区恶劣的气候相适应

由于沙漠地区风沙活动频繁，作业现场飞沙走石，气候干燥而且温度变化较大，这些对施工机械危害较大，容易造成各种各样的机械故障，需要经常维护，而手工现场维修的工作环境又十分恶劣。因此，要选择工作性能优良，机械性能稳定，密封性能好，风冷式动力的机械。

3）应能保证施工质量

合适的施工机械是保证工程质量的重要因素之一。由于沙漠路面常有一些特殊的施工工艺，特殊的工艺要选择特定的机械及设备，才能满足工程质量的要求。

4）应有可靠的安全保证措施

由于施工沿线路况复杂而且路线较长，风沙灾害较多，故施工机械应具有可靠的安全保证措施，例如行驶稳定，有抗倾覆保护装置，通信及导航装置等。

5）与施工单位现有装备相适应

以降低成本，提高生产率为目标。要结合施工单位现有的机械设备状况，减少新增设备的数量，充分发挥现有机械的效力，在保证特殊工艺的前提下，配套机械要与主要机械的工作能力相适应。

2. 施工机械的优选配套

1）土方机械的选择

（1）推土机。

应优先选择附着力大，通过性能好，爬坡能力强的大型履带式推土机，发动机功率不小于 74 kW。

（2）铲运机。

用于标高的调整，同时进行复压，应选择自行式铲运机。

（3）平地机。

用于调平与整平，经试验证明，只有双后桥的平地机才能在初步压实的干燥沙基上作业，故应至少有一台双后桥平地机。

2）压实机械选择

压实机械的选择应主要针对不同的工艺要求而定，根据试验与经验而定。

3）运输机械的选择

要求施工运输机械能在简易施工便道，及铺设好纺织布等处理后的沙基上行驶。

3. 施工作业流程

路基综合机械化施工，应按施工组织计划实施，作业流程如下：

（1）推土机分层填挖路基和碾压。

（2）压路机振动干压实。

（3）平地机整平。

（4）压路机振动干压实。

（5）沙漠车运送材料、配件、油品。

（6）边坡修整可用平地机配合少量人工。

4. 路基土方机械化施工技术管理

（1）制定机械使用与管理制度。

（2）提出土方机械运输的措施。

（3）对机械保修和定期检修，及时供应机械配件和油料等。

（4）编织机械施工生产组织的技术方案，综合机械化流水作业程序等。

（5）布置临时房屋和机械停修场地，安排照明，安全防护措施。

3.5.7 路基整修与检查验收

1. 路基整修与维护

路基整修包括自检后的整修和交工验收后的整修。整修的目的是使路基工程达到或者优于设计文件和规范规定的技术标准和质量标准。因此路基工程基本完工后，施工单位应会同质量检查人员，按设计文件进行检查。根据检查情况施工单位编制整修计划、措施，并进行路基整修。

路堤整修时，一般应将其两侧超填宽度切除，超填宽度的允许值为20~40 cm。若在取得甲方、监理和设计单位批准后，可不完全切除，但应采取适当措施和工艺保持边坡平整顺适、稳定。边坡缺土时应用人工或机械补土，并及时进行边坡防护。

路堑边坡修整时，应自上而下刷坡。

路基因风沙影响造成路基积沙和风蚀缺陷等，应会同监理做好现场记录，办理工程量变化签证手续并及时清除或填补。

路基工程完工后，在路面未施工前或交付使用前，如有损坏，施工单位应负责维修。

2. 检查验收

路基施工严格按照批准的设计图纸、文件、施工方案施工，中间交接或竣工及交工的验收应按照有关规范执行。

应对路基场地清理，特殊土质地段处理，防护加固工程基础开挖等项目进行隐蔽工程检查验收和中间验收。

交工验收时，应对下列项目进行检查：

（1）路基宽度、标高；
（2）路基平面位置；
（3）边坡坡度及边坡防护；
（4）压实程度；
（5）取土坑、弃土堆位置和形状；
（6）隐蔽工程记录。

验收时，不符合设计和规范的各分项分部工程或部位，施工单位应及时整修。

3.6 风积沙在路基中的应用案例

3.6.1 风积沙干压实施工工艺

由于古新干线公路沿线水源短缺,沙砾石料运距较远,为解决风积沙干压实和砂石料嵌入问题和保证路基设计回弹模量值 35 MPa 的要求,在古新干线 K7+500~K9+000 段采用干压风积沙,然后在风积沙层顶部填筑 20~30 cm 的黏土封层的施工工艺。利用常规的施工碾压机械对风积沙进行干压实,很难找到相关资料,为了解决此问题,本文通过试验总结:填方段每层先利用挖掘机或推土机碾压 2~3 遍,后直接利用压路机快速静压 1~2 遍,之后采用振动碾压,这样就解决了压路机在干沙上行走作业的问题,挖掘机和压路机在干沙上行走作业情况见图 3.17 和图 3.18。试验工程分为三段,即一个挖方段、两个填方段,其中第一填方段为经过挖掘机分层碾压的路段、第二段为未充分分层碾压的路段。

图 3.17 挖掘机初压现场　　　图 3.18 振动压路机干压现场

1. 干压风积沙施工工艺

干压实工艺流程见图 3.19。

(1) 测量放线:按照设计路线进行放线,定出路基边线。
(2) 清废:清除原路基表面 30 cm 左右的植被、腐殖质。
(3) 开挖、填筑风积沙
① 路堤填筑:路堤填筑分为水平填筑和竖向填筑两种方式。

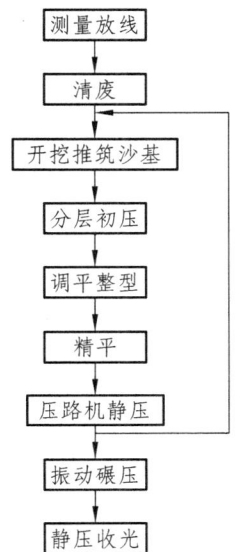

图 3.19 风积沙干压实工艺流程图

水平分层填筑,按沙基放样宽度,每层填筑厚度 30~50 cm,用机械按路堤横断面全宽一次推筑成型。

竖向填筑,指沿路纵向逐步向前深填。这是在特定的条件下,局部采用的方法,如路线跨越深谷,地面沙丘高差大,陡坡路段上半挖半填的沙基及难以水平分层卸土路段的沙基,可采用此种方法,但是能够利用挖掘机或小型推土机碾压的应尽可能进行分层碾压,或者采用下层竖向填筑,上层水平填筑的混合填筑方法。

② 路堑开挖:路堑开挖方式,根据具体情况而定,可采用横挖法、纵挖法或混合式开挖法。弃土应推至下风侧低洼处,对于深度大于 2 m 的路堑两侧及半挖半填路段的挖方侧,沙基宜加宽 1~1.5 m,防止风沙侵蚀对沙基影响。

在开挖和填筑中应尽可能地利用挖方填筑填方段,不要造成太多的弃方和因回填而增大开挖面,造成沙漠植被的破坏。

③ 运送风积沙:用铲运车或自卸汽车将风积沙运送到填筑路段,沿路一侧倾倒所需的风积沙,另一侧留做施工工作面。

(4)分层初压:每推筑一层后,用推土机或挖掘机沿路线纵向大致整平,并碾压 3~4 遍。碾压时直线段应从路基边缘向内侧逐轮碾压,半径较小的曲线段应从内侧向外侧逐轮碾压，碾压时轮迹应重叠，重叠宽度不小于单轮宽度的 1/2。可采用纵向、横向交错的方式碾压，轮迹布满整个作业面为一遍。

（5）调平整型：采用铲运机或平地机按放样标高和宽度调平顺适。

（6）精平：在沙基最顶部一层用平地机精平，使沙基高程、宽度、路拱等达到设计及施工规范要求。

（7）压路机静压：为了使得压路机能够在沙基上直接振动行走碾压，必须先利用压路机快速静压 2~3 遍（填方段），1~2 遍（挖方段）或直接进行振动碾压。碾压时直线段由两边向中间，小半径曲线段由内侧向外侧，纵向进退式进行。前后相邻两区段（碾压区段之前的平整预压区段与其后的检验区段）应纵向重叠 2.0 m 以上，达到无漏压、无死角，确保碾压均匀。碾压时轮迹重叠宽度不应小于 1/3，轮迹布满一个作业面为一遍。

（8）振动碾压：采用振动压路机（重型、超重型）高频、低振幅碾压，填方路段碾压 3~4 遍；挖方路段碾压 2~3 遍。

（9）静压收光：由于振动碾压使得沙基顶部 10 cm 左右较为松散，所以采用重型或超重型压路机静压 2~3 遍。

2. 干压风积沙压实效果

古新干线 K7+500~K9+000 段风积沙层碾压完成，并进行压实度、含水量检测（见表 3.27）后，在其顶部覆盖 20~30 cm 的黏土封层，以防止结构层（天然沙砾层）的嵌入，由于干压风积沙无法进行野外回弹模量试验，只在黏土封层顶部进行回弹模量试验，试验结果见表 3.28。

表 3.27 风积沙试验段压实度、含水量检测结果

试验段类型	检测项目	检测深度/cm				
		5	20	40	60	80
挖方段	含水量/%	3.1	3.1	2.8	2.4	2.0
	压实度/%	93.0	94.4	95.3	90.8	89.0
填方段一	含水量/%	2.3	2.2	3.0	2.5	2.2
	压实度/%	92.8	94.5	93.3	91.7	91.9
填方段二	含水量/%	3.0	2.2	1.8	2.3	2.2
	压实度/%	90.3	92.1	91.7	88.9	87.4

注：表中采用的压实度均为各路段的平均值。

表 3.28 风积沙试验段回弹模量试验结果

试验段类型	回弹模量/MPa			备 注
	最大值	最小值	平均值	
填方段一	60.12	54.55	57.34	风积沙填筑厚度为1.6 m,分4层填筑,每层填筑完后用挖掘机碾压密实
填方段二	48.83	31.97	40.40	风积沙最大填筑厚度1.8 m,分3层填筑,每层碾压不密实
挖方段	60.02	48.14	54.08	

注：本段风积沙为 GX-1，室内回弹模量为 58.21 MPa。

通过表 3.27 和表 3.28 可知：

（1）利用常规施工压实机械，压实深度很难达到 1.8 m。因此，对于风积沙填筑厚度较大应分层填筑、分层碾压，每层压实厚度不得大于 50 cm。试验表明：静压 1 遍加强振 2 遍的有效压实深度不大于 50cm，且风积沙的天然含水量在 1.8%～3.5%，不能满足干压风积沙最佳含水量 0～0.5%的要求，因此压实度只能达到 95%。

（2）分层压实的路段（填方一段）和挖方段，其压实度和回弹模量大于未经过充分压实的路段（填方二段），因此对于风积沙路基必须进行充分碾压，以保证路基的强度。

（3）不论是挖方段还是填方段，黏土封层表面的回弹模量值均未能达到风积沙在干燥状态下的回弹模量值，所以在利用风积沙筑路时，要发挥风积沙的强度，就不能在风积沙层顶部填土，以防止出现回弹模量倒置现象。但在地下水和地表水对路基影响不大的路段，仅从解决风积沙层顶部沙砾石料嵌入问题而言这也是一种方法，可以取得较为良好的效果。

（4）填方一段经过充分压实其强度远大于填方二段，因此在风积沙压实施工中应严格按照分层碾压，以保证风积沙路基强度，充分发挥风积沙的力学性能。

总之，在垦区干旱缺水地区采用干压法是可行的。

3.6.2 风积沙湿压实施工工艺

兵团垦区的道路大多由原先田间的简易主干道改造而成,且多数与田间渠道伴行,这就为风积沙的湿压提供了便利条件。因此,本文通过对农一师塔南公路和风积沙试槽施工中采用湿压风积沙试验施工的总结,提出了适合兵团垦区低等级、低造价公路风积沙的施工工艺。

1. 湿压风积沙施工工艺

湿压风积沙施工工艺流程图。见图3.20。

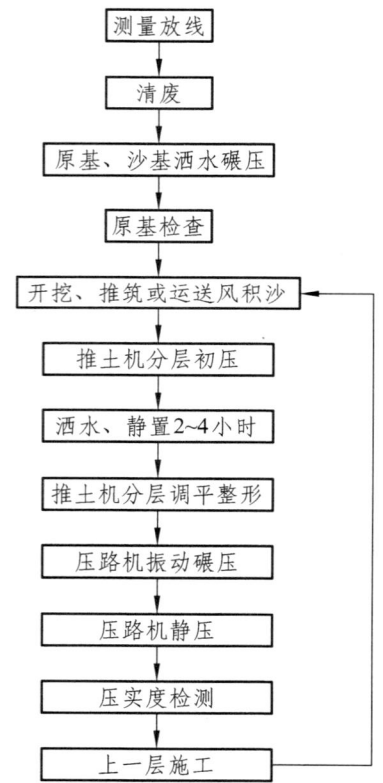

图3.20 风积沙湿压施工工艺流程图

(1)测量放线、清废、推筑或运送风积沙同干压风积沙规定。

(2)分层初压:每推筑一层后,用推土机或挖掘机沿路线纵向大致整平,并碾压3~4遍。碾压时直线段应从路基边缘向内侧逐轮碾压,半径较小的曲线段应从内侧向外侧逐轮碾压，轮迹应重叠，重叠宽度不小于单轮宽度的 1/2。可采用纵向、横向交错的方式碾压，轮迹布满整个作业面为一遍。

（3）洒水：开挖完毕或每一碾压层分层初压后，利用平地机或铲车进行初平，使得整个路型符合设计要求。对于路线纵坡较大的路段，沿纵向在路沿堆成棱埂，棱埂高度 10~15 cm 左右，棱埂的长度根据路线的坡度而定，一般不得大于 50 m，再采用洒水车静止洒水，使得水面形成径流，水将要流出棱梗为止。对于路线较为平缓的路段，可采用在风积沙路基、垫层两侧修筑棱埂，利用洒水车倒行洒水。水应洒均匀，洒水至饱和后静置 2~4 h。

（4）调平复压：在静置后的风积沙和人工路槽上，用推土机履带碾压 2~4 遍。推土机履带必须重叠 1/2 覆带宽度，且碾压完整个路幅为一遍。

（5）振动碾压：调平复压结束后，由振动压路机采用高频、低幅振动碾压。碾压时，要从路基路槽两侧边缘向路中碾压，且碾压轮辐重叠不得小于 1/3 轮辐。碾压直到满足设计所要求的压实度，碾压速度为 3~4 km/h。

（6）静压收光：由于振动碾压使得风积沙表层较松散，所以采用振动压路机或轮胎式压路机静压收光 1~2 遍，碾压速度为 1~3 km/h。

（7）压实度检测：压实质量以压实度控制，采用环刀法测定。压实度应达到规定的标准，若不符合要求时应进行补压，直到合格为止，方可进行下一道工序的作业。

2. 湿压风积沙压实效果

1）塔南公路依托工程

风积沙垫层压实度检测结果见表 3.29，其中风积沙的最大干密度为 1.67 g/cm^3、最佳含水量为 16%，压实度标准为 95%，室内回弹模量为 72.6 MPa。

表 3.29 风积沙垫层检测结果

桩 号	干密度 ρ_d/(g/cm³)	含水量/%	压实度/%	回弹模量/MPa
K0+140	1.61	13.5	96.1	62.80
K0+180	1.62	14.6	97.2	62.00
K0+220	1.64	13.3	98.4	57.02
K0+280	1.59	15.4	95.3	75.81
K0+460	1.58	14.7	95.6	67.04
K0+620	1.60	16.4	96.5	54.18
K1+560	1.59	17.7	95.8	56.63
K1+660	1.61	15.1	96.2	56.79

由于此段路风积沙层中洒水较好，基本上均大于最佳含水量，碾压效果良好。但应说明，施工过程中由于表层含水量过小，压实度很难达到要求，而在含水量达到的最佳含水量至最佳含水量+2%时，碾压效果较好，且很容易达到要求。对此在试验工程中均采用洒水到饱和状态，并经浸润后再碾压。为防洒水的不均匀性，采用洒水车洒水。兵团垦区大部分公路分布于灌区，用水相对而言较为方便，所以在兵团垦区使用湿压实是可行的。

2）风积沙试槽

为了进一步检验碾压机械的压实效果和压实质量，在试槽施工过程中，对同一层两种风积沙的碾压效果进行了分析，压实度检测结果见表3.30。

表 3.30 风积沙试槽压实效果统计一览表

沙样编号	每碾压层填沙厚度	碾压遍数	碾压方式	测点数目	平均含水量/%	最大压实度/%	最小压实度/%	压实度平均值/%	最大干密度/(g/cm³)
SC-1	25	4	静 压	12	15.63	96.12	95.44	95.69	1.674
		11	静4振7	11	11.18	96.59	93.72	95.08	
		11	静4振7	15	15.33	101.45	97.86	99.88	
	35	6	静3振3	8	12.19	94.21	93.61	93.96	
		6	静3振3	10	16.88	100.22	96.46	98.85	
SC-2	25	4	静 压	15	16.95	99.71	95.58	97.58	1.673
		7	静4振3	9	12.56	97.62	94.56	95.89	
	35	6	静3振3	13	16.79	100.13	98.50	99.43	
		6	静3振3	10	13.09	98.73	95.43	96.87	

从表 3.30 可以看出：

（1）当风积沙的碾压含水量为最佳含水量至最佳含水量 + 2% 时，在相同的压实功下很容易达到压实度要求。当碾压含水量略小于最佳含水量时，适当增加碾压遍数也易达到压实度要求。

（2）在风积沙施工中，要用最小的压实功能达到最佳的压实效果，碾压含水量应为最佳含水量或稍大于最佳含水量（约大于 2%）。

（3）风积沙填筑厚度为 35 cm 时，在洒水饱和状态或大于最佳含水量 + 2% 时，也可以压实。

（4）风积沙含粉、黏粒越大，级配相对较好，越易压实。

总之，在用风积沙作路基时，风积沙的填筑厚度宜为 90～100 cm 或以上，回弹模量值趋于稳定。当风积沙填筑厚度超过 90～100 cm 后，回弹模量值不随风积沙填筑厚度的变化而变化，仅随干密度的增大而增大。在含水量处于饱和状态或大于最佳含水量 + 2% 时易于压实。

3.6.3 风积沙湿压、干压混合压实工法

兵团垦区的道路虽然大多沿渠伴行，但是也有部分道路地处沙漠边缘，渠道也只在灌溉季节有水，例如农八师 150 团更是如此，水在这些地区也就尤为珍贵。为了解决这些地区施工用水，既尽可能地减少水的用量，又要解决天然沙砾底基层嵌入风积沙层难题，以降低工程造价，因此必须充分利用风积沙干压实和湿压实两大特性，对其研究以解决以上问题。本文通过古新干线试验段的试验总结出底层采用干压实、顶部采用湿压实的施工工艺。

1. 风积沙干湿混合碾压工艺

底部各层的风积沙压实同干压实工艺流程（图 3.20），顶层湿压实工艺如图 3.21 所示。

（1）开挖完毕和分层碾压、填筑至风积沙层顶层后，利用平地机或铲车进行初平，使得整个路型符合设计要求，且沿路纵向和路沿堆成棱埂，棱埂高度 10～15 cm 左右，棱埂的长度根据路线的坡度而定，一般不得大于 50 m。

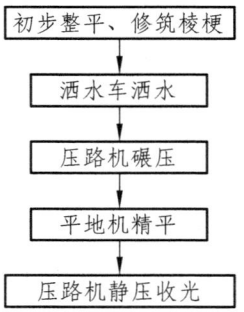

图 3.21 风积沙路基顶层湿压实施工工艺流程图

（2）洒水车洒水。洒水时为了防止陷车，采用倒走洒水，水面不要流出棱梗。水要洒得较为均匀。洒水至饱和后静置 2~4 h。

（3）压路机碾压：先静力碾压 1~2 遍，然后振动碾压 4~6 遍。

（4）利用平地机进行精平，使得高程符合设计要求。

（5）再用压路机进行静压收光。

2. 风积沙干湿混合碾压效果

（1）压实度、含水量检测。

为了验证此混合碾压方式的效果及含水量的分布范围，进行了压实度和含水量检测，试验结果见表 3.31。

表 3.31 风积沙压实度和含水量试验结果

深度/cm	5	20	40	60	80
含水量/%	14.0	10.3	7.4	4.4	2.0
压实度/%	102.0	100.6	97.5	95.6	95.8

注：压实度采用重型击实标准。

通过压实度和含水量检测结果可知：

① 在风积沙路基顶部充分洒水后，利用常规的重型压实机械可以达到规定的压实度要求，且压实度在顶部 40 cm 内超过了 97%，表明采用此种压实方法效果良好。

② 含水量随着深度的增大而减小，基本按每 20 cm 减小 3% 左右，在 80 cm 处已接近风积沙的天然含水量，由此可见，在湿压施工时，对

顶部一层进行洒水，直接浸入深度可以达到 60 cm 左右，可以满足压实度要求及顶部直接进行路面结构层粒料的填筑。

③ 60~80 cm 处压实度能够达到要求的 95% 以上，这是干压实的效果。所以风积沙的分层碾压厚度不得大于 60 cm，最好以 50 cm 为宜。

④ 80 cm 范围内平均含水量为 7.4%，扣除风积沙天然含水量 1.96%，实际增加含水量为 5.46%，与全部湿压洒水至最佳含水量 15.56%，减少含水量 8.14%，减少用水量达到 60%，节约用水量效果明显。

（2）回弹模量及弯沉检测。

在碾压完成的风积沙表面分别测定回弹模量试验和弯沉，其结果见表 3.32。古新干线公路路基顶面设计弯沉为 266.16（0.01 mm），路基设计回弹模量为 35 MPa。

表 3.32　风积沙试验段回弹模量及弯沉试验结果

回弹模量/MPa			弯沉（0.01 mm）			
最大值	最小值	平均值	最大值	最小值	平均值	代表值
90.103	80.200	84.442	228	80	147.9	203.8

通过表 3.32 可知：

① 沙基表面的回弹模量值远大于路基设计回弹模量值；并且大于室内试验的回弹模量值（62.45 MPa）。由此说明利用此压实方法效果良好，完全可以达到设计要求。

② 弯沉值不论是单个值还是代表值均符合设计要求。

③ 利用较大吨位（16 t、18 t 的振动压路机）的压实机械，可以发挥风积沙的力学性能，其回弹模量值也大大提高。

4 新疆采空区公路

4.1 采空区公路概述

采空区是指地下矿产被采出后留下的空洞区，按矿产被开采的时间，可分为老采空区、现采空区和未来采空区。矿体被采出后，自顶板岩层向上形成三带——垮落带、导水裂隙带和弯曲带。地表沉陷，产生连续或非连续变形，由此带来一系列环境岩土工程问题，如平地积水、道路裂缝、房屋倒塌、耕地减少、农田减产等，给矿区工程建设留下很大隐患。

简单介绍一下相关术语。

（1）注浆：

亦称灌浆，是利用机械压力或浆液自重压力将某种浆液，一般是具有流动性、凝固后具有胶结力的浆液，注入地层或结构物的裂隙、空隙或孔洞内，以提高其整体性和密实性，改善其力学和抗渗性能的一种工程手段。

（2）充填、固结注浆：

用浆液注入煤层采空区、岩体裂隙或破碎带，形成固结体，以提高岩体的整体性和抗变形能力。

（3）帷幕注浆：

用浆液注入岩体或土层的裂隙、孔隙，形成阻水带，以减少渗流量或降低场压力。

（4）纯压式注浆：

浆液注入孔洞内和岩体裂隙中，不再返回的注浆方式。

（5）压水试验：

利用水泵或水柱自重，将清水压入钻孔试验段，根据一定时间内压入的水量和施加压力大小的关系，计算岩体相对透水性和了解裂隙发育程度的试验。

（6）简易压水：

一种简化和粗略的压水试验，其目的是了解注浆施工过程中岩体透水性变化的趋势。

（7）屏浆：

注浆段的注浆工作达到结束条件后，为使已注入的浆液加快凝固、提高强度，继续使用注浆泵对注浆孔段内施加压力的措施。

（8）闭浆：

注浆段的注浆工作结束后，为防止孔段内的浆液返流溢出，继续保持注浆孔段封闭状态的措施。

（9）自下而上分段注浆法：

将注浆孔一次钻进到设计深度，然后从钻孔的底部往上，逐段安装注浆塞进行注浆，直至孔口的注浆方法。

（10）孔口封闭注浆法：

在钻孔的孔口安装孔口管，自上而下分段钻孔和注浆，各段注浆时都在孔口安装孔口封闭器进行注浆的方法。

（11）先导孔：

最先施工的、用于核对或补充注浆地区地质资料的少数注浆孔。

4.2 注浆治理工程设计

采空区的探测，目前，国内外主要是以资料收集、采矿情况调查、工程钻探、地球物理勘探为主，辅以变形观测、水文试验等。

4.2.1 注浆治理目的

针对煤田采空区地层破碎、裂隙发育的特点，通过注浆，对路基稳定性影响较大的上部变形区范围内岩土体的空洞、裂缝进行充填、固结等作用，以改善岩体结构的力学强度和抗变形能力，提高路基的整体性和稳定性，确保道路安全使用。

4.2.2 注浆治理方案设计

1. 采空区预留煤柱情况

预留煤柱分布于现六道湾路下,轴线约为现六道湾路东侧路缘石位置。从地面至高程 650 m 处,煤柱宽 130 m,断面呈矩形;高程 540~650 段,煤柱断面呈梯形,宽度自 130 m 至 250 m,呈 65°角放坡。

根据煤层走向,该煤柱破坏角为 85°、移动破裂角为 70°,走向稳定角为 67°,其破坏移动区、变形区、稳定区在现有断面上的分布情况如图 4.1 所示。

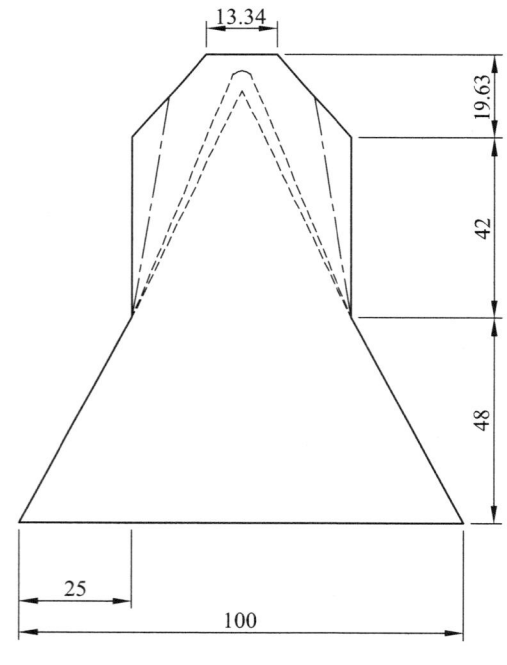

图 4.1 安全煤柱稳定性评价示意图

因此,现有煤柱地表均为移动区和变形区,完全稳定区位于地表下约 17 m 处,拟建路线 K9 + 350 ~ K10 + 400 段位于六道湾煤矿采空区预留煤柱上,不能满足路基稳定性要求。

2. 设计方案

1）治理宽度

注浆治理宽度包括路基宽度和安全储备宽度。根据预留煤柱稳定性评价成果及《公路路基设计规范》（JTJ D63—2015）要求，本工程对路基两侧安全储备宽度各取 15.0 m，即按 78 m（47.5 + 2 × 15 = 77.5）控制。

2）治理工程范围

根据预留煤柱稳定性评价成果，拟建道路需要治理的不稳定区域里程桩号为 K9 + 350 ~ K10 + 400，全长 1 050 m。具体为：

道路设计中心线东侧：K9 + 350 ~ K10 + 185。
道路设计中心线西侧：K9 + 350 ~ K10 + 400。

3）治理深度

根据安全煤柱稳定性评价分析，并考虑一定安全储备，本工程治理深度从现状地面标高起始，最小处理深度为 40 m，最大处理深度为 55 m，具体布置如图 4.2 所示。

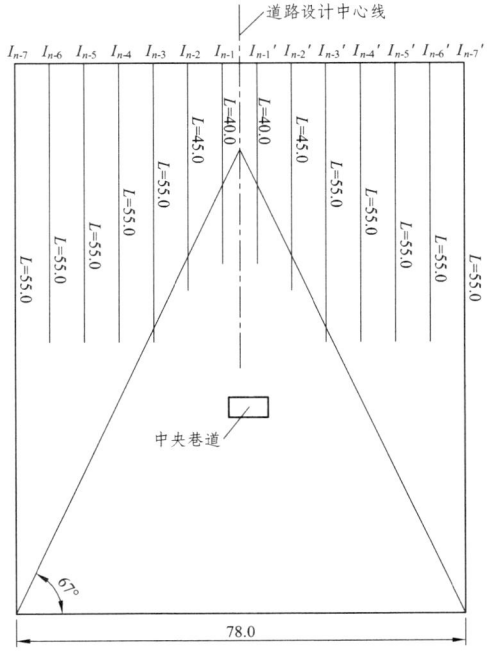

图 4.2　钻孔布置立面图

4）注浆孔间距及布置

根据现场注浆试验成果，本工程注浆孔距确定为 6 m，排距为 6 m，采用梅花形布置；最外侧两排为帷幕注浆孔，其余为充填、固结注浆孔。

5）注浆施工顺序

（1）先帷幕孔施工，后充填、固结孔施工。

（2）帷幕孔按"分序加密、隔孔灌注"原则实施，共分二序施工。

（3）固结孔按"分序加密、隔排隔孔灌注"的原则实施，即间隔一排灌注，同一排的孔与孔之间隔孔灌注，共分四序施工。

（4）同一次序的孔可以同时施工；不同次序的孔，在前一次序的孔全部注浆完成后，方可进行后一次序孔的钻孔施工。

3．注浆设计参数

1）注浆压力

有效注浆压力按式（4.1）计算：

$$P = P_1 + P_2 - P_3 - P_4 \tag{4.1}$$

式中　P——注浆压力（简称全压力），MPa；

P_1——孔口压力表指示压力（简称表压力），MPa；

P_2——孔口压力表中心至注浆段中心的浆液柱自重压力，MPa；

P_3——地下水对注浆段的压力，MPa；

P_4——浆液在注浆管和钻孔中流动的压力损失，MPa。

P_2、P_3 可用式（4.2）和式（4.3）计算：

$$P_2 = h \cdot \gamma_g \tag{4.2}$$

$$P_3 = h_w \cdot \gamma_w \tag{4.3}$$

式中　h——孔口压力表中心至注浆段中心的高度，m；

h_w——地下水位至注浆段中心的高度，m；

γ_g——浆液的重度，N/cm³；

γ_w——水的重度，N/cm³。

本导则对注浆压力的规定如下：

（1）注浆压力以安装在进浆管路孔口处的注浆压力表的中值控制。

（2）串浆孔（组）或多孔并联注浆时，应分别控制注浆压力，同时应加强抬动监测，防止发生抬动破坏。

根据注浆试验成果，注浆孔各深度段注浆压力见表4.1。

表4.1 注浆孔各深度段孔口注浆压力

注浆深度/m	孔口进浆管控制压力	
	帷幕孔/MPa	充填、固结孔/MPa
5	0.29	0.35
10	0.38	0.51
15	0.47	0.66
20	0.57	0.81
25	0.66	0.96
30	0.75	1.12
35	0.84	1.27
40	0.93	1.42
45	1.02	1.57
50	1.11	1.73
55	1.21	1.88
60	1.30	2.03
65	1.39	2.18

2）注浆流量

本工程注浆流量（注入率）按70~100 L/min控制。

3）钻进方法

为保持孔壁的光滑、稳定，宜采用清水钻进，成孔困难孔段也可采用泥浆护壁钻进或套管跟管钻进，但套管不得隔离拟加固注浆段地层。

4）钻孔结构

（1）开孔直径不小于130 mm。

（2）穿透第四系进入基岩稳定地段1.0~1.5 m后，下入套管，套管内径以能够确保下部钻孔顺利施工为原则，并用水泥浆液封闭套管与地层之间的间隙。换用 ϕ110 mm 口径钻头继续钻进，直至设计孔深。

5）注浆方式

通过试验比较，本次注浆加固按分序加密的原则，采用自下而上分段纯压式注浆与孔口封闭纯压式注浆相结合的综合注浆法。

6）注浆段长度

（1）一般情况下，以 10.0 m 为一个注浆段。

（2）如遇绕塞返浆、岩体及煤层破碎致使注浆塞在规定位置卡塞不住等特殊情况时，合并注浆段，直至最后一段注浆采用孔口封闭纯压式注浆。

7）注浆结束标准

（1）对帷幕注浆孔，注入率控制为 70~100 L/min，各注浆段的孔口注浆压力达到表 4.1 设计压力并维持 10 min，结束该段注浆。

（2）对充填、固结注浆孔，注入率控制为 70~100 L/min，各注浆段的孔口注浆压力达到表 4.1 设计压力并维持 15 min，结束该段注浆。

（3）距注浆孔口 3.0 m 范围冒浆，结束注浆。

（4）各类注浆孔，注入率控制为 70~100 L/min，当注浆段的孔口注浆压力陡升，超过表 4.1 设计压力值后，难以维持稳定，继续上升，可直接结束该段注浆。

4.2.3　注浆治理工程施工

1. 注浆材料和稳定浆液

1）注浆材料

根据注浆试验成果，本次注浆采用纯水泥浆加适量外加剂配制的稳定浆液作为注浆材料。材料具体要求如下：

（1）水泥。

① 本工程选用 42.5R 普通硅酸盐水泥。

② 注浆用的水泥必须符合规定的质量标准，不得使用受潮结块的水泥。水泥不应存放过久，出厂期超过 3 个月的水泥严禁使用。

③ 在注浆施工过程中，应对水泥的强度、安定性、凝结时间等进行每批次和每 1 000 t 均需抽样检查。

（2）水。

根据《水工混凝土施工规范》(DL/T 5144—2015) 规定：凡符合国家标准的饮用水，均可用于拌合和养护水泥制品。

（3）外加剂。

根据注浆试验成果，选用模数为 3.0 ~ 3.4 的水玻璃溶液作为注浆材料外加剂，掺量占水泥量的 3.0%。其性能应符合《工业硅酸钠》(GB/T 4209—2008) 液-2 指标要求，并按每批次和每 30 t 均需抽样检查。

2）稳定浆液

稳定浆液需满足流动性、稳定性、结石抗压强度、凝结时间等多种性能要求。因此，制浆完成以后需进行各种试验测定其性能指标，以确保工程质量。

（1）浆液性能指标测试方法。

① 流动度。

在无扰动条件下，采用截锥圆模，测定注浆材料自由流动的最大扩散直径及与其垂直方向的直径，计算其平均值。

② 结石率。

将新配置的浆液注入量筒中静置。记录 2 h 浆体析水体积。浆液结石体积与浆液总体积的百分比即为结石率。

③ 比重。

浆体的质量与其体积的比值。采用泥浆比重计测定积液密度。

④ 凝结时间。

在一定温度下，从参加反应的组分全部混合时起，直到凝结发生而浆液不再流动为止的一段时间。可采用试锥稠度仪来测定水泥浆的初凝和终凝时间。

⑤ 结石抗压强度。

用 70.7 mm × 70.7 mm × 70.7 mm 的成型试模，在 20 ℃ ± 5 ℃ 水中

养护或标准养护，测定 28 d 龄期的结石抗压强度，每组取 3 块测其平均值。

（2）浆液性能指标。

稳定浆液性能指标见表 4.2、表 4.3 所示。

3）水灰比

本次注浆浆液水灰比：帷幕注浆孔采用 0.9∶1，充填、固结注浆孔采用 1∶1。

表 4.2　稳定浆液性能指标现场控制标准

水泥品种	水灰比	流动度/cm	比重/(g/cm³)	结石率/%	结石体抗压强度/MPa	凝结时间（水中养护）		凝结时间（标准养护）		28 d 抗压强度/MPa
						初凝时间	终凝时间	初凝时间	终凝时间	28 d
42.5R 普硅	0.9∶1	20~32	1.41~1.46	92.0~97.0	>5	12 h 50 m	14 h 20 m	12 h 5 m ~ 12 h 30 m	12 h 10 m ~ 13 h 50 m	14.2~21.3
	1∶1	22~34	1.40~1.45	90.0~97.0	>5	14 h 26 m	15 h 40 m	13 h 30 m ~ 14 h 17 m	14 h 35 m ~ 15 h	9.6~20.9

表 4.3　稳定浆液配合比

水灰比	水泥/kg	外加剂/kg	水/L	浆液/m³
0.9∶1	800	24.0	720	0.986
1∶1	750	22.5	750	1.000

2．施工设备

1）钻孔设备

（1）钻机性能应满足注浆对钻孔的技术要求。钻进方法宜采用回转式钻机钻进，也可采用冲击式或冲击回转式钻机钻进。当采用后者钻进方法时，应保证孔壁光滑、顺直，并加强钻孔冲洗。

（2）使用的钻孔冲洗和压水试验设备应保证在所有压力下都有足够的供水量。

（3）应准备足够的压力表、压力软管、供水管及阀门等。

2）注浆设备

（1）根据注浆需要配置浆液搅拌机，搅拌机的转速和拌和能力应分别与所搅拌的浆液类型及注浆泵排浆量相适应，并应保证均匀、连续地拌制浆液。所有搅拌设备，在用于拌制浆液前应在现场进行试运行。

（2）注浆泵性能应与浆液的类型和浓度相适应，宜选用多缸式注浆泵，其容许工作压力应大于最大注浆压力的 1.5 倍，并应有足够的排浆量和稳定的工作性能。

（3）注浆管路应保证浆液流动畅通，并能承受 1.5 倍的最大注浆压力。

（4）注浆泵和注浆孔口处均应安装压力表。所选用的压力表在使用前应进行标定，使用压力宜在压力表最大标值的 1/4~3/4 之间。压力表和管路之间应设有隔浆装置。

（5）注浆塞应与采用的注浆方法、注浆压力及地质条件相适应，胶塞应具有良好的膨胀性和耐压性能，在最大注浆压力下能可靠地封闭注浆孔段，并易于安装和卸除。

（6）制浆站可采用集中式或分散式。制浆站的制浆能力应满足注浆进度高峰期所有机组用浆需要，制浆站应配备除尘设备。

（7）搅拌机的转速应具备分散、拌匀注浆材料的能力，使浆液流动性和稳定性满足设计要求。

（8）所有注浆设备、仪器、仪表均应始终保持工作状态正常，并应配有足够的备用设备。电力驱动的设备、应在接地良好并经确认能保证施工安全时，方可使用。

（9）注浆的计量器具，如压力表、流量计、比重计、流动度测定仪等，进场前，应进行标定或校验，满足要求后，方能进场使用。使用时应定期校验，保持量值准确。

3. 钻孔施工

1）一般要求

（1）钻孔过程中，遇岩性变化、发生掉钻、坍孔、钻速变化、回水变色、失水等异常情况，应进行详细记录。

（2）当各类钻孔施工作业暂时终止时，孔口应妥加保护，防止流进污水和落入异物。

（3）钻孔进尺达到设计深度时，应报验，经检查合格后，方可进行下一步施工。

2）先导孔

（1）进行钻孔施工时，应有 3% 的钻孔作为先导孔，先导孔按均匀分布、深浅结合、代表性强的原则布设，目的是进行地层核实、物探测试、压水试验等工程地质条件的验证工作。

（2）先导孔（兼做波速测试孔）钻孔，应予钻取岩芯，按取芯次序统一编号，并对钻孔冲洗、钻孔压力、芯样长度及其他能充分反应岩石特性的因素进行监测和记录。最后绘制钻孔柱状图和进行岩芯描述。

（3）在钻孔过程中，钻进回次进尺的最大长度应限制在 3 m 范围内，一旦发现芯样卡钻或被磨损，应立即取出，先导孔岩芯采取率不得小于 65%。

3）施工孔

（1）钻孔的孔位、深度、孔径、钻孔顺序等应按施工图纸要求执行。孔位与设计孔位的偏差值不得大于 30 cm。

（2）钻孔遇有洞穴、塌孔或掉块难以钻进时，可进行注浆处理，再行钻进。如发现集中漏水或涌水，应查明情况、分析原因，经处理后再行钻进。

（3）注浆孔（段）在钻进结束后，应进行钻孔冲洗，孔底沉积厚度不得超过设计孔深的 2.0%。

4）钻孔冲洗和压水试验

（1）压水试验应在先导孔中进行，试验孔数不宜少于总孔数的 3%。试验采用单点法，如在钻进过程中，冲洗液漏失严重，孔口不返浆的钻孔，可不进行压水试验。

（2）在注浆前，为确保水泥颗粒顺利通过透浆通道，应对所有注浆孔（段）进行裂隙冲洗，直至回水清净为止。不返水时，在注浆泵 70~100 L/min 的排量下，冲洗水量不少于 5 min。

（3）当邻近有正在注浆的孔，或邻近注浆孔结束时间短于初凝时间，不得进行裂隙冲洗。

（4）注浆孔（段）裂隙冲洗后，该孔（段）应立即连续进行注浆作业，因故中断时间间隔超过 24 h 者，应在注浆前重新进行裂隙冲洗。

4. 制浆施工

1）制浆材料称量

（1）制浆材料必须按规定的浆液配比计量，计量误差应小于 5%。水泥等固相材料应采用重量称量法计算。

（2）各类浆液必须搅拌均匀，测定浆液密度和流动度等参数，并做好记录。

2）浆液搅拌

（1）浆液搅拌时间控制以分散、拌匀注浆材料，获得流动性与稳定性合格的稳定浆液为原则。根据注浆试验，当转速为 60~90 r/min 时，搅拌时间不小于 6 min。当采用高速搅拌机时，搅拌时间按《水工建筑物水泥注浆施工技术规范》（DL/T 5148—2001）执行。

（2）浆液从开始制备至用完的时间宜小于 4 h。

（3）浆液温度应保持在 5~40 °C，低于或超过此标准的应视为废浆。

（4）当采用集中制浆站制浆时，注浆前应采用二次搅拌。

5. 注浆施工

1）一般要求

（1）注浆必须采用三个参数（压力、流量、水灰比）控制。

（2）施工次序：帷幕Ⅰ序孔钻孔、注浆→帷幕Ⅱ序孔钻孔、注浆→先导孔（物探孔）钻孔、注浆→充填、固结Ⅰ序孔钻孔、注浆→充填、固结Ⅱ序孔钻孔、注浆→充填、固结Ⅲ序孔钻孔、注浆→充填、固结Ⅳ序孔钻孔、注浆→检查孔钻孔→物探测试、压水试验→注浆→封孔。

（3）各种注浆方式，射浆管距该注浆段底部的距离不得大于 2.0 m。

2）注浆方法

本次注浆加固按分序加密的原则，采用自下而上分段纯压式注浆与孔口封闭纯压式注浆相结合的综合注浆法。即每个注浆孔，首先进行自下而上分段纯压式注浆施工，按注入率为 70~100 L/min 的泵量控制，当孔口注浆压力达到设计压力时，其中帷幕注浆孔维持 10 min；充填、固结注浆孔维持 15 min，结束该段注浆。进行下一回次的注浆。逐段往上循环作业，直至孔口段注浆。当注浆时出现绕塞或注浆塞在规定位置卡塞不住，注浆塞不得不上提，甚至多次上提，最后注浆塞提至套管顶部，进行孔口封闭纯压式注浆。具体如下。

（1）自下而上分段纯压式注浆。

① 施工步骤：钻机成孔→冲洗、压水试验→采用栓塞设备自孔口封闭→注浆→逐段往上循环作业→注浆效果检查→竣工。

② 帷幕注浆分 II 序，按"分序加密、隔孔灌注"原则实施；固结注浆分 IV 序，按"分序加密、隔排隔孔灌注"的原则实施；10 m 范围内不得有 2 个以上的孔同时注浆。

③ 注浆塞放置位置在注浆段段顶以上 0.5 m，防止漏罐。

④ 各注浆段第一段注浆后，一般可不待凝，进行下一段的注浆施工。

⑤ 注浆孔相互串浆时，可采用互串孔并联灌注，但并罐孔不宜多余 3 个，并应注意控制注浆压力，防止岩体抬动。

⑥ 注浆段长一般为 10.0 m。

（2）孔口封闭纯压式注浆法。

适用条件：钻孔作业时，发生掉钻、坍塌、埋钻及采空区等特殊地段的处理时；自下而上分段纯压式注浆施工，出现逐段绕塞情况时；自下而上分段纯压式注浆施工，出现逐段注浆塞在规定位置卡塞不住，注浆塞不得不多次上提情况时；以上三种情况必须有监理工程师确认。

进行孔口封闭纯压式注浆，具体如下：

① 孔口应镶铸套管对注浆孔进行孔口封闭，并待凝 24 h。

② 套管埋入岩体的深度应根据最大注浆压力和岩体特性确定，段长不宜小于 1.0 m。

③ 孔口封闭器应具有良好的耐压和密封性能，在注浆过程中，注浆管应能灵活转动和升降。

④ 注浆管的内径不小于 25 mm，若用钻杆作为注浆管，应采用平接头连接。

⑤ 注浆时，注浆管必须深入注浆段底部，管口距孔底的距离不得大于 200 cm。

⑥ 注浆过程中，应经常转动和上下活动栓塞及注浆管，防止栓塞及注浆管在孔内被水泥浆液凝住。

⑦ 注浆过程中，注浆压力和注入率必须相适应，注入率宜为 70~100 L/min。

3）特殊情况处理

（1）注浆过程中，距注浆孔孔口 3.0 m 以内，如地表发生冒浆现象时，一般可采用低压、限流、限量、间歇灌注等方法处理，必要时应采取嵌缝、地表封堵方法处理。

（2）在钻孔过程中，如遇有塌孔、掉钻或遇采空区的孔段，无法进行钻探作业时，为保证注浆质量，应停钻，将此段作为独立注浆段，先行注浆处理。然后清孔，再钻至设计深度，采用自下而上纯压式注浆法，逐段处理至孔口。

（3）注浆发生串浆时，如串浆孔具备注浆条件时，应一泵一孔同时注浆。否则，应塞住串浆孔，待注浆孔注浆结束后，再对串浆孔进行扫孔、冲洗至设计深度，而后进行注浆作业。

（4）注浆必须连续进行，若因故中断，应尽快恢复注浆。否则应立即冲洗钻孔。再恢复注浆。若无法冲洗，则应进行扫孔，再恢复注浆。

（5）如遇注入率大、注浆难以正常结束的孔段时，可采用低压、限流、限量、间歇注浆法灌注（帷幕注浆孔：每持续注浆 4 h，间歇 2 h；充填、固结注浆孔：每持续注浆 8 h，间歇 4 h），达到设计终止注浆标准后，结束该段注浆。

（6）采用自下而上分段纯压式注浆过程中，如发生连续逐段饶塞时，经现场监理工程师核实后，为避免浆液将栓塞凝固而使栓塞无法拔出，可采用孔口封闭式注浆，完成注浆作业。每一注浆段结束压力按该注浆段的中点深度压力值控制。

（7）为避免注浆塞及注浆管被浆液凝固，注浆过程中，应结合现场实际情况，经常活动栓塞，即将栓塞上提 0.5 ~ 2.0 m，然后再下放至原来的位置，如果下放时，由于浆液面上升无法就位，可放置在能下放的最大深度、继续进行注浆作业。

4）封　孔

（1）每个注浆孔全孔注浆结束后，应及时进行验收，验收合格才能进行封孔。

（2）注浆过程中，当注浆结束后，通常全孔已经充满浆体，可直接在孔口段进行封孔注浆处理。

4.2.4　注浆治理工程验收

为保证工程建设质量，需对浆液、钻孔、注浆质量、封孔质量、技术资料等各个环节进行质量验收和控制。

1. 浆液验收

各制浆站应按设计要求测定浆液的各项性能指标，确保工程质量。本导则制定浆液的质量检测及控制标准如表 4.4。

表 4.4　浆液质量检测及控制标准

	检测项目	检测频率（二者取小值）	合格标准
浆液验收	结石体 28d 无侧限抗压强度	每注浆工作日 1 组或每 200 m³1 组	> 5MPa
	流动度	每注浆台班 1 组或每 50 m³1 组	1∶1 水灰比 22 ~ 34 cm
			0.9∶1 水灰比 20 ~ 32 cm
	比重	每注浆台班 1 组或每 50 m³1 组	1∶1 水灰比 1.40 ~ 1.45 g/cm³
			0.9∶1 水灰比 1.41 ~ 1.46 g/cm³
	结石率	每注浆台班 1 组或每 50 m³1 组	> 90%

2. 钻孔验收

本工程通过对先导孔和检查孔进行岩芯采取率测试进行钻孔验收，具体标准见表 4.5。

注浆完成后，为了验注浆质量，需钻探检查孔，检测频率按每 1 000 m² 加固范围内钻 1 孔检查孔，质量控制标准见表 4.5。

表 4.5 钻孔质量控制标准

类别		检测项目	检测频率	合格标准
钻孔验收	先导孔	先导孔岩芯采取率（采空区掉钻的空洞除外）	100%	≥65%
		孔深		不小于设计孔深
	检查孔	检查孔岩芯采取率		≥75%
		岩芯固结体无侧限抗压强度		>1.5 MPa
		孔深		不小于设计孔深
	注浆孔	孔深		不小于设计孔深

3. 注浆质量验收

（1）注浆质量检查应结合钻孔、注浆施工记录、注浆成果资料和检验测试资料（压水试验、测量岩体波速、检查孔取芯和固结体强度等）的分析，进行综合评定，具体见表 4.6。

（2）检查孔钻孔位置选在：

① 岩体破碎、塌孔、掉钻等地质条件复杂的部位；

② 末序孔注浆量大的孔段附近；

③ 注浆情况不正常以及分析认为注浆质量有问题的部位。

（3）压水试验在注浆结束 7 d 后进行，合格标准，按设计要求执行；岩体波速在注浆结束 14 d 后进行，合格标准，按设计要求执行。

（4）注浆检查孔岩芯采取率按设计要求执行。

（5）注浆的封孔质量应进行检查。

（6）先在导孔先采用弹性波法测现状波速值，注浆后在检查孔中检测注浆后的波速值。

表 4.6　注浆质量综合评价方法

检测方法	质量评价标准	综合评价
弹性波法	注浆后波速值应满足：强风化基岩提高 10%～20%；中风化基岩-弱风化基岩提高 5%～15%	（1）根据勘探、注浆资料、并结合检测数据，进行比对分析后，对注浆质量进行综合确定。 （2）声波测井达到以下两项要求即可认为注浆质量合格：① 85% 的测试值达到质量评价标准；② 小于质量评价标准的 85% 的测试值不超过 5%，且不集中。 （3）压水试验试段合格率不小于 75%。不合格试段的透水率不超过设计规定的 200%，且不集中，注浆质量可评为合格
检查孔钻孔检查	通过钻探取芯检查结石充填裂隙的情况。好的注浆效果应是在透浆裂隙中都充填有水泥结石或团块。注浆检查孔岩芯采取率 ≥75%。固结体无侧限抗压强度大于 1.5 MPa	
压水试验	用压水试验检查注浆前后岩体在透水率上的变化情况	

注：检测各项指标待现场试验完成后提出。

4. 变形监测

通过在钻孔中预埋水平、垂直方向变形观测仪，对注浆施工过程中及完成之后的变形进行长期观测。水平方向布置路基变形观测网；垂直方向每 100 m 设一个横断面，沿拟建道路两侧边界及中央隔离带布置 3 个监测点，监测深度为 65.0 m，竖向监测间距为 5.0～10.0 m。通过观测数据的对比，总体评价加固效果。具体为：

（1）变形观测包括相应的钻孔、抬动变形观测仪器的埋设安装及观测、封孔等工序的作业。

（2）变形观测应委派专人进行观测记录，当变形值接受变形允许值或变形值上升较快时，应及时报告各工序操作人员采取降低压力措施，防止发生抬动破坏。如施工中发现变形超过规定的允许值，应立即停止施工，并采取处理措施。

（3）变形观测的仪器应经常检查，确保其灵敏性和准确性。

（4）观测过程中，应严格防止碰撞，保证能在正常工作状态下进行观测，确保观测精度。

（5）注浆工作结束后，观测孔应进行妥善保护。

5. 不合格施工质量工程的处理

出现下列情况之一时，必须进行补充注浆和补充检验，直至达到合格要求。

（1）根据勘探、注浆资料、并结合检测数据，进行比对分析后，对注浆质量判定为不合格的区域。

（2）在检查孔钻进过程中，出现落钻、冲洗液大量漏失、不返孔口的区域。

6. 竣工资料和工程验收

注浆工程竣工后，应进行验收。验收工作由建设单位负责组成验收委员会或验收小组组成，验收对象主要包括过工程设计文件和竣工资料、报告两部分。

1）工程设计文件

包括有关的设计文件、图纸及修改通知等。

2）竣工资料和报告

各类注浆工程完工后，应按技术条款的有关规定提交完工验收资料，具体包括：

（1）钻孔、钻孔冲洗、压水试验及简易压水、注浆记录等。

（2）抬动或变形观测记录等。

（3）注浆孔成果一览表。

（4）注浆分序统计表。

（5）各次序孔注浆成果表。

（6）注浆完成情况表。

（7）注浆孔平面位置图。

（8）注浆综合剖面图。

（9）注浆工程检查孔压水试验成果一览表。

（10）检查孔岩芯柱状图。

（11）注浆材料试验测试资料。

（12）工程照片和岩芯实物。

（13）其他。

3）验收流程

经验收委员会或验收小组详细检查和讨论后，认为工程质量符合设计要求，应签字确认。否则，应由验收委员会或验收小组写出结论和处理意见，待工程处理完毕并经检查合格后，再予验收。

参考文献

[1] 中华人民共和国交通运输. JTG F10—2006 公路路基施工技术规范[S]. 北京：人民交通出版社，2006.

[2] 中华人民共和国交通运输.JTG D30—2015 公路路基设计规范[S]. 北京：人民交通出版社，2015.

[3] 新疆公路学会. 盐渍土地区公路设计与施工指南[S]. 北京：人民交通出版社，2006.

[4] 新疆公路学会. 沙漠地区公路设计与施工指南[S]. 北京：人民交通出版社，2008.

[5] 山西省交通规划勘察设计院. 采空区公路设计与施工技术细则[S]. 北京：人民交通出版社，2011.

[6] 郑育新. 新疆垦区公路盐胀和冻胀病害防治技术应用[M]. 四川：西南交通大学出版社，2018.

[7] 新疆维吾尔自治区交通厅. XJT J01—2001 新疆盐渍土地区公路路基路面设计与施工规范[S]. 2001.

[8] 郑育新. 风积沙在新疆公路盐胀病害防治中的应用[J]. 交通标准化，2013（24）.

[9] 郑育新. 垦区公路盐胀及冻胀综合病害防治技术应用研究[D]. 长安大学，2010.

[10] 郑育新. 阿和沙漠公路风积沙路基施工工艺研究[J]. 湖南交通科技，2015，41（01）.

[11] 郑育新. 新疆甘莫公路盐渍土击实试验研究[J]. 铁道建筑，2012，NO.3.

[12] 郑育新. 注浆工艺在采空区路基抗变形注浆中的应用[J]. 筑路机

械与施工机械化,2011,NO.6.

[13] 高江平,李芳.含氯化钠硫酸盐渍土盐胀过程分析[J]. 西安公路交通大学学报,1997,17(4A).

[14] 陈晓光,罗俊宝,张生辉. 沙漠地区公路建设成套技术[S]. 北京:人民交通出版社,2006.

[15] 郑育新. 煤田采空区路基抗变形注浆治理方案设计[J]. 路基工程,2011,NO.10.

[16] 郑育新.煤田采空区注浆治理工程监理治理控制的探讨[J]. 山西建筑,2014,12.

[17] 郑育新. 塔里木盆地风积沙和砂砾隔断层毛细水迁移特性试验研究,新疆交通教育,2018,1.

[18] 高江平,吴家惠.硫酸盐渍土盐胀特性的单因素影响规律研究,岩土工程学报,1997,19(1A).

[19] 高江平,吴家惠,杨荣尚.硫酸盐渍土盐胀特性各影响因素交互作用规律的分析,中国公路学报,1997,10(1A).

[20] ZHENG YUXIN, LI C. Study on the water stability of asphalt mixture under the action of sulfite on saline zone in Tarim basin[C]. 2018 8th International Conference on Manufacturing Science and Engineering (ICMSE 2018). 2018.

[21] 刘南山.倾斜细土平原盐渍土分布规律及盐胀作用分析,水文地质工程地质,2002,(NO.4).

[22] 包卫星,张洪萍. 新疆盐渍土的盐胀特性及其病害防治,山西建筑,2005,31(4A).

[23] 郑育新. 土工织物在鄯吐高速公路软基处理中的应用[J]. 山西建筑 2009.3(35).

[24] 王小生,章洪庆,薛明等.盐渍土地区道路病害与防治,同济大学学报,2003,31(10A).

[25] 于昆. 盐渍土地区高等级公路设计施工,山西交通科技,2002,(NO.6).

[26] 毛雪松. 多年冻土路基水热力场耦合效应研究. 长安大学博士学位论文，2004.

[27] 王海春，张世海，底国民. 特殊地区公路[S]. 北京：人民交通出版社，2006.

[28] 李世芳，胡作龙. 新疆兵团垦区风积沙工程特性试验研究[J]. 中外公路，2005，25（6A）.

[29] 李世芳，王益桂. 新疆兵团垦区风积沙碾压技术研究[J]. 公路，2004，(NO.10).

[30] 袁铭，李世芳. 风积沙合理填筑厚度及对减薄上部路面结构层的研究[J]. 公路交通科技，2004，21（4A）.

[31] 李世芳，李波. 风积沙在公路冻胀病害防治中的应用[J]. 中南公路工程，2007，(NO.3).

[32] 铁道部第一勘察设计院. 盐渍土地区铁路工程. 北京：中国铁道出版社，1988.

[33] 张军艳. 硫酸盐渍土水热盐力四场耦合效应研究. 长安大学硕士论文，2006.

[34] 徐攸在. 盐渍土地基[M]. 北京：中国建筑工业出版社，1993.

[35] 张登武，赖天文，方建生. 改良盐渍土的工程特性试验研究[J]. 铁道建筑，2012，(09).

[36] 习春飞. 击实硫酸盐渍土的盐－冻胀性研究. 吉林大学硕士学位论文．2005.

[37] 魏进. 新疆风积沙加固技术与盐胀规律研究，长安大学硕士学位论文，2003.

[38] 安建林. 新疆风积沙力学性质与动力性能研究，长安大学硕士学位论文，2003.

[39] 张启进. 高速公路路堑段路基冻胀翻浆的原因与防治[J]. 辽宁省交通高等专科学校学报，2000，3（1A）.

[40] 朱学坤. 硫酸盐渍土力学参数及地基承载力计算. 长安大学硕士论文，2007.

- [41] 尹睿捷. 盐渍土溶陷性和经砂砾改良后的路用性能研究[D]. 长安大学, 2014.
- [42] 孔德胜. 公路路基盐胀及其处治[J]. 新疆农垦经济, 2005, (NO.7).
- [43] 张永康, 张田, 张荣飞, 等. 高盐渍土地区某铁路路基填料选择研究[J]. 铁道工程学报, 2016, (09).
- [44] 杨元亭. 临—哈高速河套段盐渍土工程性质及改良研究[D]. 内蒙古农业大学, 2016.
- [45] 康强. 基于水盐入渗的南疆城市道路柔性基层水损害及防治措施研究[D]. 塔里木大学, 2016.
- [46] 郭立叶. 盐渍土路基处理方法与施工工艺研究[D]. 长安大学, 2012.